Monika Bröder

Gesprächsführung im Kindergarten

Monika Bröder

Gesprächsführung im Kindergarten

Anleitung, Modelle, Übungen

HERDER

FREIBURG · BASEL · WIEN

Gedruckt auf umweltfreundlichem,
chlorfrei gebleichtem Papier

8. Auflage

Einbandgestaltung: Joseph Pölzelbauer
Einbandfoto: Hartmut W. Schmidt

www.herder.de
Herstellung: fgb · freiburger graphische betriebe 2002
www.fgb.de
ISBN 3-451-26892-2

Inhalt

Vorwort

Als wir vor etwa 15 Jahren damit begonnen haben, Kurse zum Thema „Gesprächsführung im Kindergarten" anzubieten, waren wir zunächst unsicher, ob diese Thematik bei den Erzieherinnen auf Interesse stoßen würde. Im Laufe der Jahre wurde jedoch immer deutlicher, wie groß der Bedarf der Erzieherinnen ist, sich auf dem Gebiet der Gesprächsführung weiterzubilden. Die Nachfrage hat in all den Jahren eher zugenommen, so daß wir mittlerweile dazu übergehen, Fortbildungskurse über einen Zeitraum von zwei Jahren anzubieten.

Die Erzieherinnen geben als Grund an, sich im Kommunikationsbereich weiterzubilden, daß sie sich durch ihre Berufsausbildung nur unzureichend darauf vorbereitet fühlen, mit Eltern hilfreiche und weiterführende Gespräche zu führen und im Team mit Kolleginnen so zu reden, daß gegenseitige Unterstützung und ein konstruktives Bewältigen von Konflikten möglich werden.

Es gehört heute zum Berufsbild von Erzieherinnen und anderen Mitarbeiterinnen im Kindergarten, sich nicht nur auf die Arbeit mit den Kindern zu konzentrieren, sondern auch für die Eltern Ansprechpartner zu sein, im Team zusammenzuarbeiten, sich gegenseitig Rückmeldung zu geben und bei der täglichen Arbeit zu unterstützen.

Das Gespräch ist die wichtigste Voraussetzung für die Elternarbeit im Kindergarten und die gemeinsame Arbeit im Team. Hilfreiche und konstruktive Gespräche führen zu können ist jedoch keine Selbstverständlichkeit, sondern setzt Fähigkeiten voraus, deren Vermittlung in den Ausbildungsstätten noch sehr oft zu kurz kommt. Erzieherinnen nehmen deshalb engagiert an Fortbildungsveranstaltungen, Seminaren und Kursen zum Thema „Gesprächsführung im Kindergarten“ teil. Auf Grund der großen Nachfrage an den Kursen ist die Idee entstanden, die Inhalte der Kurse in einem Buch zu veröffentlichen. Es gibt zwar viel Literatur zum Thema Kommunikation und Gesprächsführung, aber bisher noch sehr wenig Literatur, die sich ausführlich mit der Gesprächsführung im Kindergarten auseinandersetzt.

Das Anliegen dieses Buches ist es, den Mitarbeiterinnen und Mitarbeitern im Kindergarten Anregungen und Rüstzeug an die Hand zu geben, um ihnen damit zu mehr Sicherheit für ihre Gespräche mit Eltern und im Team zu vermitteln. Schwerpunktmäßig wird dabei folgenden Fragen nachgegangen:

- Wie kann ich ein hilfreiches Gespräch mit Eltern führen, wenn diese mit mir über ihr Kind reden wollen?
- Wie kann ich ein Gespräch mit den Eltern führen, wenn das Kind auffällig im Kindergarten wird und Unterstützung braucht?
- Wie kann ich Eltern und Kolleginnen Rückmeldung geben, wenn mich etwas stört oder ich unzufrieden bin, ohne die anderen zu kränken und zu verletzen?
- Welche Möglichkeiten gibt es, konstruktiv Konfliktgespräche zu führen?
- Wo liegen die Grenzen der Gesprächsführung im Kindergarten?

Die dargestellten Fallbeispiele und Gesprächssituationen entstammen ganz der Praxis von Erzieherinnen und sind immer wieder im Laufe der Jahre von den Erzieherinnen selbst ergänzt und erweitert worden.

Neben den Gesprächsbeispielen und praktischen Übungen wird intensiv auf die Erfahrungen der Teilnehmerinnen eingegangen, die an unseren Kursen teilgenommen und Gespräche mit Eltern im Rollenspiel erprobt haben. Ihre Gedanken, Überlegungen und Schwierigkeiten beim Erlernen der Fähigkeiten, die für die Gesprächsführung notwendig sind, stimmen mit großer Wahrscheinlichkeit mit den Fragen der Leserinnen und Leser überein, die sich mit diesem

Buch beschäftigen. Auf diese Weise soll versucht werden, soweit wie möglich in einen lebendigen Dialog mit dem Leser einzutreten.

In diesem Buch soll weiter deutlich werden, daß Gesprächsführung mehr ist als nur ein Anwenden verschiedener Gesprächstechniken. Die Fähigkeit, hilfreiche Gespräche führen zu können, hängt eng zusammen mit der eigenen Person und der Einstellung zu sich selbst und zu anderen Menschen.

Die zum Teil ausführlich dargestellten Gespräche sind Übungsgespräche und sollen modellhaft zeigen, wie Gespräche hilfreich und weiterführend gestaltet werden können. Sie sind entstanden aus Kleingruppenarbeiten, in denen die Teilnehmerinnen konkrete Situationen aus der eigenen Praxis besprochen und im Rollenspiel versucht haben, neue Formen der Gesprächsführung zu erproben und einzuüben. Die Erfahrungen aus den Rollenspielen sind auf die konkrete Arbeit im Kindergarten übertragbar. Einige der Gespräche wurden später vervollständigt, um dem Leser, der ja nicht in einem lebendigen Austausch mit anderen Personen lernt und nicht direkt auf deren Hilfe und Unterstützung zurückgreifen kann, einen möglichst anschaulichen Einblick in die Möglichkeiten der Gesprächsführung zu geben.

Die Leserinnen und Leser dieses Buches haben jedoch die Möglichkeit, sich selbst aktiv mit dem Thema auseinanderzusetzen, indem sie die vorgegebenen Übungen allein oder zusammen mit anderen bearbeiten können. Die Auswertung zu den Übungen findet sich dann jeweils im Auswertungsteil dieses Buches.

Die meisten der dargestellten Gespräche sind Gespräche mit Müttern, weil dies auch der Realität entspricht. Im Kindergartenalltag sind es überwiegend die Mütter, die die Kinder in den Kindergarten bringen und zu denen die Erzieherinnen dadurch Kontakt haben. Alle Gespräche könnten jedoch genauso auch mit den Vätern geführt werden.

In diesem Buch wird der Einfachheit halber immer von Erzieherinnen gesprochen, weil dieser Beruf noch immer hauptsächlich von Frauen ausgeübt wird.

Die theoretischen Grundlagen für das vorliegende Buch bestehen in einer Verknüpfung des Werkes „Miteinander reden“ von Friedemann Schulz von Thun, Band 1, und den Werken „Familienkonferenz“ und „Familienkonferenz in der Praxis“ von Thomas Gordon. Die Form der Gesprächsführung, die Gordon in seinen Werken beschreibt, wird in diesem Buch auf die Gesprächsführung im Kindergarten übertragen und an Hand vieler Übungen und Gesprächsbeispielen erklärt und ausgeführt.

Es ist zunächst sinnvoll, das Buch von vorne nach hinten zu lesen, da alle Teile aufeinander aufbauen und im Gesamtzusammenhang zu sehen und zu verstehen sind. Die einzelnen Übungen können dann später nochmals durchgearbeitet und damit vertieft werden.

Allen möchte ich danken, die an der Entstehung dieses Buches mitgearbeitet haben. Da sind zunächst die Erzieherinnen, die durch ihr großes Engagement und Interesse an der Gesprächsführung die Kurse immer wieder neu mitgestaltet und erweitert haben. Ohne die Erzieherinnen selbst hätte dieses Buch niemals entstehen können. Ebenso danke ich allen Kolleginnen, die mit mir in all den Jahren die Kurse mitgetragen haben, besonders aber meinen Freundinnen und Kolleginnen Ulrike Hilbich, Susanne Schmidt und Annemarie Hauch für ihre kritische und konstruktive Auseinandersetzung mit dem Manuskript dieses Buches. Nicht zuletzt danke ich meinem Mann für seine Hilfe bei der Textverarbeitung.

Das Buch widme ich unseren Kindern Linda und Arne und allen anderen Kindern, verbunden mit der Hoffnung, daß sie in ihrem Leben vielen Menschen begegnen, die sie mit Verständnis und Einfühlungsvermögen in ihrer Entwicklung begleiten.

Monika Bröder

1 Nichtsprachliche Möglichkeiten der Verständigung

Ansprache
Spring doch mal über Deinen Schatten!
Er wußte, es ging nicht.
Aber daß einer ihn so anlachte,
gab ihm den erlösenden Mut,
kleine Schritte mit Schatten zu machen.
Detlev Block[1]

Als Erzieherinnen stehen Sie den ganzen Tag über in ständigem Kontakt mit anderen Menschen. Da sind auf der einen Seite die Kinder, die mit Ihnen reden wollen und Ihre Zuwendung und Aufmerksamkeit suchen, da sind die Kolleginnen, mit denen Absprachen getroffen werden müssen und die sich Hilfe und Unterstützung bei der täglichen Arbeit erhoffen, da sind die Eltern, die Ihnen ihr Kind anvertrauen und in Ihnen eine Ansprechpartnerin für ihre Anliegen und Wünsche sehen. Mit allen setzen Sie sich ständig auseinander. Sie reagieren auf Ihre Gesprächspartner, und Ihre Gesprächspartner reagieren auf Sie. Dabei läuft die gegenseitige Verständigung keineswegs nur über die Sprache. Ebenso bedeutsam wie die Sprache sind auch die nichtsprachlichen Verständigungsmittel wie Mimik, Gestik, Tonfall, der Ausdruck der Augen und die ganze Haltung des Körpers. Mit Hilfe der nichtsprachlichen Kommunikationsmittel können wir Gefühle und Stimmungen ausdrücken und deutlich machen, wie wir etwas meinen, was wir anderen mit Worten verständlich machen wollen.

Sprachliche und nichtsprachliche Kommunikationsmit-

[1] Aus: H. Kruppa, Hrsg.: „Wo liegt Euer Lächeln begraben?“

tel können verglichen werden mit Noten und dem Klang der Musik. „Der Ton macht die Musik“, nicht die Noten machen die Musik.

Ein freundlicher, ermutigender Blick kann den gesprochenen Worten eine ganz andere Bedeutung geben als ein grimmiger oder abschätzender Blick. Der Tonfall kann ebenfalls liebevoll und ermunternd sein und somit aufbauend und förderlich wirken, während ein kritischer und abschätzender Blick eine entmutigende oder lähmende Wirkung haben kann.

Die große Bedeutung nichtsprachlicher Kommunikation wird besonders deutlich im Umgang mit kleinen Kindern, die gesprochene Worte noch nicht verstehen, und im Umgang mit alten und kranken Menschen, die den Sinn von Worten nicht mehr erfassen können. Menschen, die keine Verständigungsmöglichkeit über die Sprache haben, entwickeln ein besonders sensibles Gespür für die Kommunikation, die ohne Sprache abläuft. Sie entnehmen dem Tonfall der betreuenden Personen, ihrem Gesichtsausdruck und der Art, wie sie berührt werden, wie die anderen Menschen zu ihnen stehen. Sie spüren auf diese Weise, ob sie akzeptiert und geliebt oder mißachtet und abgelehnt werden. Sie selbst bedienen sich der nichtsprachlichen Kommunikationsmittel, um sich verständlich zu machen und auf diese Art ihre Bedürfnisse zu artikulieren. Kleinkinder, die nicht essen wollen, halten den Mund zu oder schlagen auf den Löffel, alte Menschen, die sich bedanken oder aus einem anderen Grund Kontakt zu anderen aufnehmen wollen, drücken der Betreuungsperson vielleicht die Hand, um ihr Anliegen deutlich zu machen. Mütter können an der Art des Schreiens oft sogar hören, welches Bedürfnis dem Schreien des Kindes zugrunde liegt und in welcher Richtung sie suchen muß, um die Ursache für den Unmut des Kindes zu finden.

Während uns die Bedeutung der nichtsprachlichen Kommunikation im Umgang mit Menschen, die sich sprachlich noch nicht oder nicht mehr äußern können, deutlich bewußt ist, wird sie im allgemeinen weniger beachtet, wenn die Sprache als Kommunikationsmittel dazu kommt. Trotzdem sind die nichtsprachlichen Kommunikationsmittel von größter Bedeutung auch dann, wenn wir miteinander reden. Gerade der Bereich der nichtsprachlichen Kommunikation ist sehr störanfällig, und es kann gerade hier zu großen Mißverständnissen kommen, weil das, was wir mit unserer Körpersprache ausdrücken, nicht immer auch von anderen Personen richtig verstanden wird. Oftmals wissen wir dann überhaupt nicht so genau, was eigentlich die Ursache für die Störung ist und weshalb die Mißverständnisse entstanden sind.

In den folgenden Ausführungen soll verdeutlicht werden, wie bedeutsam und wichtig die nichtsprachlichen Kommunikationsmittel für die gegenseitige Verständigung sind.

1.1 Bedeutsamkeit nichtsprachlicher Kommunikationsmittel

Zwei Übungen

Um erste Erfahrungen mit nichtsprachlicher Kommunikation zu machen und sich ihrer Bedeutung bewußt zu werden, bieten wir als Einstieg in diese Thematik in unseren Kursen zwei Übungen an. Sie geben die Möglichkeit, spielerisch zu diesem Thema wichtige Erfahrungen zu sammeln, die genauso auch auf die Realität übertragbar sind. Beide Übungen machen den Teilnehmerinnen großen Spaß und bieten einen geeigneten Einstieg in den Bereich der nichtsprachlichen Kommunikation. Sie eignen sich gut für Fortbildungs- und Ausbildungsgruppen, können aber auch im Team durchgeführt werden.

1. Jeweils vier Personen malen zusammen ein Bild zu einem vorgegebenen Thema, zum Beispiel „Ein Tag im Kindergarten". Die Aufgabe für die Gruppe besteht nun darin, ein gemeinsames Bild zu malen, ohne daß dabei gesprochen wird.
2. Mehrere Personen bauen aus wertlosem Material, zum Beispiel Kartons, Papier, Käseschachteln usw., eine Skulptur. Hier wird nun kein Thema vorgegeben. Die Aufgabe besteht darin, eine gemeinsame Skulptur zu erstellen, ohne daß dabei gesprochen werden darf.

In großen Gruppen ist es auch möglich, beide Aufgabenstellungen alternativ anzubieten und den Teilnehmern die Wahl zu lassen.

Erfahrungen der Erzieherinnen zu dieser Übung

Die Erzieherinnen können bei diesen Übungen vielfältige Erfahrungen sammeln.

Die Form der Zusammenarbeit ist in den einzelnen Gruppen immer unterschiedlich, aber einig sind sich alle: „Kommunikation ist auch ohne Worte möglich." Zunächst wird bei diesen Übungen deutlich, daß Worte nicht notwendig sind, da unsere nichtsprachlichen Kommunikationsmittel durchaus zur Verständigung ausreichen. Die Kommunikation wird gestaltet durch Mimik, Gestik und Zeichensprache. Die Teilnehmerinnen teilen sich gegenseitig durch Stirnrunzeln, Nicken, Kopfschütteln und Lachen mit, ob sie mit den Ideen der anderen einverstanden sind oder nicht. Auch der Blickkontakt ist für die gegenseitige Verständigung von großer Bedeutung. Aufmunternde Blicke, mit denen die Teilnehmerinnen sich gegenseitig ihre Zustimmung signalisieren, wirken motivierend, die eigenen Ideen noch mehr einzubringen. Kritische Blicke dagegen bewirken eher, daß die anderen sich deutlich zurückhaltender zeigen und weniger Initiative entwickeln.

Bei vielen Gruppen ist die wichtigste Frage: „Wer fängt an?" Manche Gruppen zögern sehr lange und warten ab, bis eine Teilnehmerin die Initiative ergreift. In manchen Gruppen fangen die Teilnehmerinnen jede für sich allein an und fügen das Bild oder die Skulptur später zu einem Ganzen zusammen. Manchmal ergreift auch eine Erzieherin schnell die Initiative und fängt an zu malen oder zu bauen, und die anderen ergänzen die nun entstandenen Vorgaben durch eigene Ideen.

Den Erzieherinnen, die an dieser Übung teilnehmen, werden oft Verhaltensweisen bewußt, die sie auch in ihrem beruflichen Alltag von sich kennen. So sagte zum Beispiel eine von den sehr aktiven Teilnehmerinnen: „Dieses Verhalten ist, glaube ich, typisch für mich. Und da wundere ich mich, daß die anderen sich immer auf mich verlassen." Eine Erzieherin, die eher abwartet und dazu neigt, den anderen den Vortritt zu lassen, äußerte sich: „Ich ärgere mich über mich selbst, weil ich durch dieses Verhalten oft nicht zum Zug komme."

Eine andere Erzieherin äußerte sich, indem sie sagte: „Eigentlich fühle ich mich ganz wohl dabei, wenn andere das ‚Zugpferd' sind. Mir ist das recht."

Manche Erzieherinnen machen bei den Übungen auch die Erfahrung, daß sie durch ihren Beitrag versuchen, verschiedene Ideen miteinander zu verbinden, damit am Ende auch wirklich eine gemeinsame Arbeit entsteht, wobei sie aber auch eigene Beiträge einbringen, wenn es die Aktivität der anderen erlaubt. Diese Erzieherinnen wirken sehr ausgleichend und verbindend in der Gruppe, nehmen sich aber oftmals zu wenig Raum für die Verwirklichung ihrer eigenen Ideen.

Manchmal kann es auch zu Mißverständnissen kommen, wenn eine Teilnehmerin ein Verhalten, eine Geste oder die Mimik einer anderen Teilnehmerin falsch versteht. Wenn sich zum Beispiel eine Teilnehmerin abwartend verhält und sich überlegt, was sie vielleicht zu der gemeinsamen Arbeit noch ergänzen könnte, kann dies von den anderen entweder als produktive Pause richtig verstanden oder aber als Passivität mißverstanden werden.

Wir sehen daran, daß wir uns gegenseitig immer etwas mitteilen, auch wenn wir nichts sagen oder tun.

Die Kommunikationsforscher Watzlawick, Beavin und Jackson beschreiben dieses Phänomen, indem sie sagen: „Man kann nicht nicht kommunizieren" (Watzlawick/Beavin/Jackson, 1990, S. 53). Sie führen in diesem Zusammenhang das Beispiel eines Mannes an, der im überfüllten Wartesaal auf den Boden starrt oder mit geschlossenen Augen dasitzt. Er teilt damit den anderen mit, daß er weder sprechen noch angesprochen werden will, und gewöhnlich reagieren seine Nachbarn richtig darauf, indem sie ihn in Ruhe lassen (vgl. ebenda S. 51).

- *Zusammenfassung:*
An Hand dieser Übung können viele wichtige Erfahrungen gemacht werden. So wird deutlich, wie sehr wir durch die nichtsprachlichen Verständigungsmittel uns selbst und unser Verhalten gegenseitig beeinflussen. Aufmunternde Blicke motivieren, kritische Blicke können Rückzug bewirken, schnelles Ergreifen der Initiative kann zu Passivität oder Zurückhaltung bei den anderen führen, und umgekehrt kann zu große Passivität bei den anderen große eigene Aktivität zur Folge haben.

Ebenso wird deutlich, daß keineswegs alle nichtsprachlichen Signale auch von den anderen in der richtigen Bedeutung verstanden und aufgenommen werden und daß es unmöglich ist, nicht zu kommunizieren.

Einige Beispiele aus dem Kindergartenalltag

Die Bedeutung nichtsprachlicher Kommunikation wird nun an einigen Beispielen aus dem Kindergartenalltag näher erläutert.

Stellen Sie sich bitte einmal folgende Situationen vor:

- Sie kommen am Morgen in den Kindergarten. Die Leiterin sitzt bei offener Tür im Büro. Sie schaut nur kurz auf, erwidert Ihren Gruß aber nicht.
- Ein Kind aus Ihrer Gruppe wird in den Kindergarten gebracht. Das Kind weint, bleibt in der Tür stehen und will nicht in den Gruppenraum kommen.
- Sie sind im Gruppenraum, eine Mutter kommt herein und runzelt dabei die Stirn.
- Die neue Berufspraktikantin stellt sich bei Ihnen im Kindergarten vor. Sie ist sehr modisch gekleidet und trägt eine auffallende Brille.

Auswertung der Fallbeispiele

Alle vier Fallbeispiele haben gemeinsam, daß kein Wort gesprochen wurde, aber trotzdem sehr viel Kommunikation zwischen den Beteiligten stattgefunden hat.

Untersuchen wir zunächst einmal die Situation mit der Leiterin, die im Büro sitzt. Obwohl die Leiterin kein Wort gesagt hat, hat sie mit ihrer Mimik und Gestik deutliche Signale ausgesendet. Auch die Erzieherin hat kein Wort gesagt, aber mit Sicherheit hat das Verhalten der Leiterin auf sie eingewirkt. Sie wird sich mit großer Wahrscheinlichkeit überlegen, weshalb die Leiterin sich so verhält und unter Umständen zu verschiedenen Erklärungsmöglichkeiten und Interpretationen kommen.

Sie könnte zum Beispiel annehmen, daß die Leiterin nur deshalb nicht grüßt, weil sie auf Grund ihrer Arbeit zu beschäftigt dazu ist. Sie könnte auch meinen, daß die Leiterin schlechte Laune hat. Vielleicht denkt sie auch, die Leiterin hätte plötzlich etwas gegen sie, und überlegt, was wohl zu der plötzlichen Antipathie geführt haben könnte.

Analysieren wir nun, was in Fall zwei abgelaufen ist: Das Kind sendet durch sein Weinen und Stehenbleiben ein Signal an die Erzieherin aus.

Die Erzieherin, die das Kind so dastehen sieht, könnte sich spontan, ohne daß ein Wort gesprochen wird, Gedanken über die Gründe des Weinens machen. Weint das Kind, weil es sich nicht von der Mutter trennen konnte? Ist es vielleicht nur übermüdet, weil es bis spät in den Abend hinein am Fernseher gesessen hat? Hat es vielleicht Schwierigkeiten in der Gruppe mit den anderen Kindern oder mit ihr als Erzieherin und will deshalb nicht im Kindergarten bleiben?

Wenn wir uns nun Fall drei anschauen, in dem die Mutter stirnrunzelnd in den Gruppenraum kommt, wird deutlich, daß auch sie, ohne ein Wort zu sagen, der Erzieherin eine Nachricht von sich selbst übermittelt.

Die Erzieherin kann diese Nachricht nun wieder sehr verschieden interpretieren. Vielleicht befürchtet sie, daß die Mutter etwas zu beanstanden hat und deshalb die Stirn runzelt. Oder sie deutet das Stirnrunzeln als Ausdruck von Ärger über ihr Kind. Es gibt genau wie in den vorangegangenen Beispielen viele Erklärungsmöglichkeiten.

In Fall vier nun vermittelt die Berufspraktikantin ihren künftigen Kolleginnen einen Eindruck von ihrer Person durch die Art ihrer Kleidung und die ausgefallene Sonnenbrille. Die Kleidung der Berufspraktikantin und die ausgefallene Sonnenbrille wirken ebenso wie in den vorangegangenen Beispielen die Mimik und die Gestik auf die Kolleginnen ein. Vielleicht wird die Praktikantin jetzt als sehr modebewußt angesehen. Die einen Kolleginnen vermuten vielleicht, daß es ihr hauptsächlich auf Äußerlichkeiten ankommt, andere würdigen ihr Aussehen möglicherweise als Ausdruck einer eigenständigen Persönlichkeit.

1.2 Der Unterschied zwischen Wahrnehmen und Vermuten

An Hand der beschriebenen Beispiele wird deutlich, daß nichtsprachliche Kommunikation deshalb außerordentlich störanfällig ist, weil sie sehr viel Raum für die verschiedensten Interpretationen und Vermutungen zuläßt. Diese Art der Kommunikation läuft sehr schnell ab, und im allgemeinen bleibt keine Zeit, lang darüber nachzudenken. Es kann daher schnell zu Vermutungen und Interpretationen kommen, ohne daß diese in Wirklichkeit auch zutreffen müssen. So wird möglicherweise der Grundstein für Mißverständnisse und Störungen in der Kommunikation gelegt, ohne daß den Beteiligten bewußt wird, wo die Störungen ihren Grund haben. Je nachdem, wie wir die nichtsprachlichen Signale interpretieren, reagieren wir auch darauf.

Führen Sie sich in diesem Zusammenhang bitte noch einmal die Situation mit der Mutter vor Augen, die stirnrunzelnd in den Gruppenraum kommt. Nehmen wir einmal an, daß die Erzieherin das Stirnrunzeln als Ausdruck von Kritik an ihrer Arbeit oder ihrer Person bewertet. Sie reagiert vielleicht, indem sie sich ärgert und sich irgendeiner Beschäftigung zuwendet, ohne die Mutter weiter zu beachten. Die Mutter wiederum nimmt wahr, daß die Erzieherin sich abwendet, und vermutet vielleicht, daß sie nicht mehr mit ihr reden will. Sie reagiert, indem sie sich ebenfalls herumdreht und weggeht.

Um Mißverständnisse zu vermeiden, ist es von größter Bedeutung, daß wir im Umgang mit anderen Menschen lernen, unsere Wahrnehmungen als Wahrnehmungen und unsere Vermutungen als Vermutungen zu erkennen und beides auseinanderzuhalten und zu unterscheiden.

Unter Wahrnehmung versteht man nur, was man wirklich gesehen und gehört hat. Unter Vermutung versteht man alles, was man in das Wahrgenommene hineininterpretiert hat.

In unserem Beispiel von der Mutter und der Erzieherin hat die Erzieherin lediglich das Stirnrunzeln wirklich wahrgenommen, d.h. wirklich gesehen. Die Deutung des Stirnrunzelns als Ausdruck von Kritik ist lediglich eine Vermutung oder eine Interpretation, die in Wirklichkeit überhaupt nicht zuzutreffen braucht. Vielleicht hat die Mutter in diesem Moment in Wirklichkeit nur an irgendetwas Unerfreuliches gedacht, was mit dem Kindergarten überhaupt nichts zu tun hat.

Es ist wichtig, sich klarzumachen, daß wir im allgemeinen nicht nur auf Grund unserer Wahrnehmungen reagieren, sondern auch auf Grund unserer Vermutungen und Empfindungen, und daß umgekehrt auch unsere Sozialpartner auf uns nicht nur auf Grund ihrer Wahrnehmungen reagieren, sondern ebenfalls auch auf Grund ihrer Vermutungen und Empfindungen.

Die Trennung von Wahrnehmung, Vermutung und Empfindung kann davor schützen, sich vorschnell ein möglicherweise unzutreffendes Bild von einem anderen Menschen zu machen und ihn in eine bestimmte Richtung einzuordnen und festzulegen. Es ist wichtig, sich bewußtzumachen, daß die Einschätzung einer anderen Person immer auch etwas mit den eigenen Vermutungen und Gefühlen zu tun hat. Menschen, die den Zusammenhang zwischen Wahrnehmung, Vermutung und Empfindung einmal für sich erkannt haben, ist die Chance gegeben, die eigenen Vermutungen zu überprüfen. In diesem Zusammenhang kann es hilfreich sein, über andere Möglichkeiten der Deutung nachzudenken oder auch nachzufragen, ob man den anderen richtig verstanden hat.

Übung

Die folgende Übung ist hilfreich, um sich den Unterschied zwischen Wahrnehmung, Vermutung/Interpretation und Empfindung zu verdeutlichen und sich bewußt zu werden, wie schwer es ist, Wahrnehmungen und Interpretationen voneinander zu trennen. Die Erfahrungen, die die Teilnehmerinnen bei der Übung machen können, werden im Anschluß dargestellt, weil sie auch für den Leser aufschlußreich sind.

A und B sitzen einander gegenüber. In der ersten Runde äußert A eine Minute lang nur Wahrnehmungen von B (zum Beispiel: „Ich sehe, wie deine Augen nach unten gerichtet sind.“ – Nicht aber: „Ich sehe, wie du traurig guckst“). Danach kommt B dran, ebenfalls eine Minute.

In der zweiten Runde äußert A Wahrnehmungen und Interpretationen (zum Beispiel: „Ich sehe, du lachst, und ich vermute, du bist ein wenig verlegen“). Danach B, beide jeweils wieder eine Minute.

In der dritten Runde folgt der Dreierschritt: Wahrnehmung – Vermutung – eigene Reaktion darauf (zum Beispiel: „Ich sehe deinen geraden Scheitel – ich vermute, du legst Wert auf äußere Korrektheit – und ich merke, daß mich das etwas abstößt bzw. anzieht“). Wieder jeweils A und B ein bis zwei Minuten.

Anschließend: Erfahrungsaustausch.[2]

Auswertung der Übung

Bei dieser Übung wird vielen Teilnehmerinnen bewußt, wie schwer es ihnen fällt, besonders Wahrnehmung und Interpretation voneinander zu trennen. In der ersten Runde, in der nur Wahrnehmungen geäußert werden sollen, teilen sich die Teilnehmerinnen oft schon Interpretationen und Vermutungen mit. So kann ein gemütliches Zurücklehnen als Langeweile interpretiert, ein Wegschauen als Ausdruck

[2] F. Schulz von Thun, 1990, S. 75.

von Unbehagen gewertet oder das Aufstützen des Kopfes als Müdigkeit gedeutet werden.

Den Teilnehmerinnen wird weiterhin deutlich, daß die Vermutungen keineswegs immer zutreffen und sich die Gesprächspartner sehr mißverstanden fühlen, wenn unzutreffende Vermutungen und Interpretationen über sie geäußert werden. Im anschließenden Erfahrungsaustausch kann nämlich deutlich werden, daß ein gemütliches Zurücklehnen in diesem Fall kein Ausdruck von Langeweile, sondern in Wirklichkeit ein Ausdruck von Entspannung ist, daß das Wegschauen keineswegs Desinteresse bedeuten muß, sondern eine Reaktion auf eine Ablenkung von außen sein kann, oder daß das Aufstützen des Kopfes möglicherweise nicht Müdigkeit bedeutet, sondern für den Gesprächspartner eine Haltung ist, bei der er sich besonders gut konzentrieren kann.

Bei der Äußerung von Empfindungen auf Grund der Wahrnehmungen und Interpretationen sind die Teilnehmerinnen eher zurückhaltend, um die anderen nicht zu verletzen oder ihnen zu nahe zu treten. Dieses Verhalten entspricht der Realität im wirklichen Leben, macht aber nochmals bewußt, wie wichtig es ist, unsere Wahrnehmungen und unsere Interpretationen voneinander zu trennen. Viele negative Bewertungen im Bezug auf andere Menschen können sich auflösen oder zumindest in Frage gestellt werden, wenn wir uns darüber klar werden, daß unsere Vermutungen überhaupt nicht zuzutreffen brauchen und es noch viele andere Möglichkeiten der Deutung gibt.

2 Anderen mit Hilfe der Sprache etwas mitteilen / eine Nachricht senden

Ein persisches Märchen: *Der Traum und sein Sinn*

Ein orientalischer König hatte einen beängstigenden Traum. Er träumte, daß ihm alle Zähne, einer nach dem anderen, ausfielen. Beunruhigt rief er seinen Traumdeuter herbei. Dieser hörte sich den Traum sorgenvoll an und eröffnete dem König: „Ich muß dir eine traurige Mitteilung machen. Du wirst genau wie die Zähne alle Angehörigen, einen nach dem anderen, verlieren." Die Deutung erregte den Zorn des Königs. Er ließ den Traumdeuter in den Kerker werfen.

Dann ließ er einen anderen Traumdeuter kommen. Der hörte sich den Traum an und sagte: „Ich bin glücklich, dir eine freudige Mitteilung machen zu können. Du wirst älter werden als alle deine Angehörigen, du wirst sie alle überleben." Der König war erfreut und belohnte ihn reich. Die Höflinge wunderten sich sehr darüber. „Du hast doch eigentlich nichts anderes gesagt als dein armer Vorgänger. Aber wieso traf ihn die Strafe, während du belohnt wurdest?" fragten sie. Der Traumdeuter antwortete: „Wir haben beide den Traum gleich gedeutet. Aber es kommt nicht nur darauf an, was man sagt, sondern auch, wie man es sagt."

Die Sprache ist das wichtigste Verständigungsmittel für uns. Sie hilft uns, unsere Gedanken und Gefühle mitzuteilen, uns mit anderen auseinanderzusetzen, Gemeinsamkeiten zu finden, aber auch Konflikte zu meistern. Andererseits können wir durch unsere Sprache auch Mißverständnisse hervorrufen, andere verletzen und kränken und Konflikte unter Umständen noch mehr verschärfen. Sprache wirkt also aufbauend, klärend, hilfreich und ermutigend auf uns selbst und andere, oder aber destruktiv, je nachdem, wie wir etwas sagen oder uns etwas gesagt wird.

Nachdem wir uns in Kapitel 1 mit nichtsprachlicher Kommunikation auseinandergesetzt haben, soll in den Kapiteln 2 und 3 besprochen werden, wie unsere gegenseitige Verständigung abläuft, wenn die Sprache als Kommunikationsmittel dazu kommt.

Mit dem folgenden Schaubild kann vereinfacht dargestellt werden, was geschieht, wenn zwei verschiedene Menschen miteinander kommunizieren.

Nun ist es aber keineswegs so, daß mit einer Nachricht auch eindeutig und klar nur eine Information übermittelt wird. Wie komplex eine Nachricht ist und wie viele Botschaften der Sender dem Empfänger in einer Nachricht übermittelt, soll zunächst wieder an folgenden Beispielen aus dem Kindergartenalltag verdeutlicht werden.

Einige Beispiele aus dem Kindergartenalltag

- Die Erzieherin kommt in den Aufenthaltsraum und sagt zu einer Kollegin: „Schon wieder liegen Ihre Sachen überall herum!"
- Die Erzieherin sagt zur Praktikantin: „Der Kleber ist alle."
- Eine Mutter sagt beim Abholen zu ihrem Kind: „Du, die Oma wartet schon auf uns!"

Betrachten wir uns die verschiedenen Beispiele der Reihe nach und überlegen einmal, was in den einzelnen Äußerungen möglicherweise zum Ausdruck gebracht wird, indem wir uns in den Sender hineinzuversetzen versuchen.

Beim ersten Beispiel bringt die Erzieherin ihrer Kollegin die sachliche Botschaft herüber: „Ihre Sachen liegen überall im Raum herum." Aber wir merken, daß in dieser Aussage noch viel mehr als eine sachliche Information mitschwingt.

So sagt die Erzieherin in diesem Beispiel auch eine ganze Menge über sich selbst und ihre momentane Gefühlslage aus. Sie ist offenbar sehr verärgert über das Verhalten ihrer Kollegin. In Worten ausgedrückt, könnte sie sagen: „Ich bin sehr ärgerlich wegen der Unordnung!"

Die dritte Botschaft, die in dieser Aussage mitschwingt, ist der deutliche Vorwurf an die Kollegin wegen ihrer ewigen Unordnung. In Worten ausgedrückt, hieße dies vielleicht: „Du bist die Unordentlichkeit in Person!".

Die vierte Botschaft enthält den deutlichen Appell an die Kollegin, Ordnung zu schaffen und die Bedürfnisse der anderen nach Ordnung zu respektieren. „Bitte räumen Sie endlich auf!"

Analysieren wir nun das zweite Beispiel auf seine verschiedenen Aussagen hin.

Zunächst ist da wieder die Sachinformation, nämlich daß der Kleber alle ist.

Die zweite Information enthält die Aussage über die Erzieherin selbst und ihr Empfinden in dieser Situation. Je nachdem, wie sie es sagt, kann man schließen, daß sie verärgert ist, weil kein neuer Kleber im Vorrat ist. In Worten: „Ich ärgere mich, weil der Kleber alle ist und kein neuer gekauft wurde!"

Die dritte Botschaft ist eventuell ein Vorwurf an die Praktikantin, weil sie nicht für neuen Kleber gesorgt hat.

Diese Botschaft sagt etwas über die Beziehung der Erzieherin zur Praktikantin aus.

Die vierte Botschaft stellt möglicherweise einen Appell an die Praktikantin dar, endlich neuen Kleber zu besorgen. In Worten: „Bitte kaufen Sie neuen Kleber!"

Betrachten wir nun Beispiel drei, und versuchen wir seine verschiedenen Bedeutungen herauszufiltern.

Die Mutter gibt dem Kind zunächst die sachliche Information, daß die Oma wartet.

Die Mutter macht möglicherweise durch ihre Art zu sprechen und ihre Unruhe deutlich, daß sie es sehr eilig hat und unter Druck steht. In Worten: „Ich habe es sehr eilig und stehe sehr unter Druck!"

Dem Kind gegenüber bringt sie unter Umständen den Vorwurf herüber, daß es zu sehr trödelt und die Mutter mit seiner Langsamkeit aufhält. In Worten: „Du bist eine Trödelliese!"

Die vierte Botschaft enthält die Aufforderung, sich zu beeilen. In Worten: „Nun beeile dich endlich!"

2.1 Die vier Seiten einer Nachricht

Zusammenfassend kann man sagen, daß wir bei allen drei Beispielen feststellen konnten, daß in einer Nachricht vier verschiedene Botschaften übermittelt worden sind. Dies gilt nicht nur für die obengenannten Beispiele, sondern allgemein für jede Nachricht, die wir uns gegenseitig übermitteln.

Jede Nachricht enthält vier Seiten, die folgendermaßen zu bezeichnen sind.

1. *Die Sachseite:* Sie meint nur den sachlichen Inhalt der Botschaft.
2. *Die Selbstoffenbarungsseite:* Sie gibt Aufschluß über die Person, die die Nachricht sendet. Dies bezieht sich sowohl auf äußere Merkmale des Senders, wie Nationalsprache, Dialekt usw., als auch auf die innere Befindlichkeit, d.h. auf seine Gefühle und Empfindungen.
3. *Die Beziehungsseite:* Sie gibt Aufschluß, wie die Person, die eine Nachricht sendet, zu dem Empfänger der Nachricht steht und wie sie über ihn denkt.
4. *Die Appellseite:* Auf ihr drückt der Sender der Nachricht aus, welche Erwartungen er an den Empfänger der Nachricht hat und wozu er ihn veranlassen möchte.

Jede Nachricht wird also mit vierfacher Bedeutung vom Sender zum Empfänger abgeschickt. Friedemann Schulz von Thun verdeutlicht dies mit Hilfe des folgendem psychologischen Modells der zwischenmenschlichen Kommunikation:

2.2 Das Kommunikationsmodell nach Schulz von Thun[3]

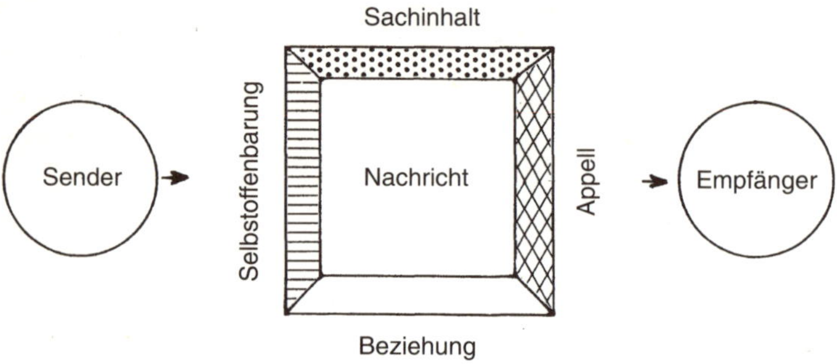

Denken wir nun nochmals an das beschriebene Beispiel von der Erzieherin, die sich über die Kollegin wegen deren Unordentlichkeit ärgert und dies mit dem Satz zum Ausdruck bringt: „Schon wieder liegen Ihre Sachen überall herum!" Zur Veranschaulichung soll diese Nachricht mit Hilfe des oben dargestellten Kommunikationsmodells nochmals auf ihre vier Seiten hin untersucht werden.

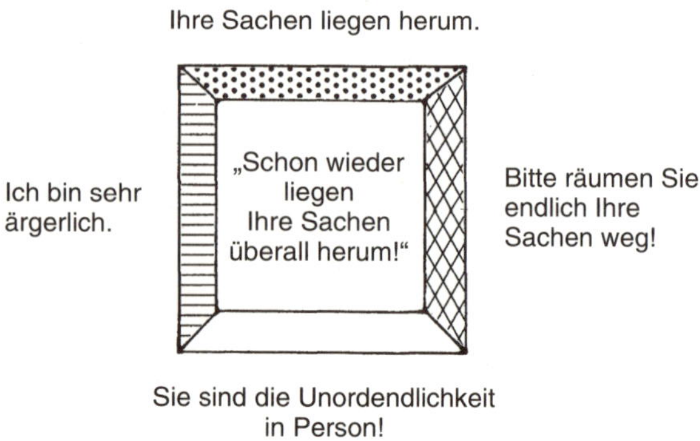

[3] F. Schulz von Thun, 1990, S. 30.

Übung: Die verschiedenen Seiten einer Nachricht und ihre Bedeutung

Für die folgende Übung werden zwei Gesprächsäußerungen zugrunde gelegt. Stellen Sie sich bitte bei der jeweiligen Äußerung vor, Sie selbst wären der Sender der Nachricht, also in Beispiel 1 die Mutter und in Beispiel 2 die Kollegin. Überlegen Sie sich dann, wie die vier Seiten Ihrer persönlichen Nachricht beschrieben werden könnten. Wenn verschiedene Personen diese Beispiele bearbeiten, kann es durchaus zu unterschiedlichen Beschreibungen der einzelnen Seiten kommen. Dies liegt daran, daß verschiedene Personen die Beispiele auch in unterschiedlichem Zusammenhang sehen können und so die einzelnen Seiten unter Umständen auch verschieden beschreiben. Es gibt in dieser Hinsicht keine richtigen und keine falschen Beschreibungen, wesentlich ist dabei jedoch immer, daß die verschiedenen Seiten der Nachricht herausgearbeitet wurden. Auf der Sachseite muß der Inhalt der Nachricht sachlich richtig wiedergegeben werden, auf der Selbstoffenbarungsseite muß deutlich werden, was der Sender in dieser Äußerung möglicherweise über sich selbst zum Ausdruck bringt, auf der Beziehungsseite soll klar herauskommen, in welcher Beziehung die Mutter bzw. die Kollegin in dieser Situation zu der Erzieherin stehen, und auf der Appellseite muß deutlich werden, was Mutter und Kollegin von der Erzieherin erwarten und wozu sie sie veranlassen möchten.

1. Mutteräußerung: „In diesem Kindergarten wird zu viel gespielt und zu wenig gebastelt!"
2. Kollegenäußerung: „Immer muß ich die ganze Arbeit allein machen!"

Auswertung durch den Leser:

zu 1: „In diesem Kindergarten wird viel zuviel gespielt und zu wenig gebastelt!"

Sachseite: es wird zu viel gespielt und zu wenig gebastelt.

Selbstoffenbarungsseite: ich bin besorgt, oder verärgert

Beziehungsseite: Sie sind nicht nur zum spielen da

Appellseite: basteln sie mehr mit den Kindern

zu 2: „Immer muß ich die ganze Arbeit allein machen!"

Sachseite: ich muss immer die ganze Arbeit allein machen

Selbstoffenbarungsseite: ich hab es satt

Beziehungsseite: sie sind faul

Appellseite: Helfen sie mir

Die Auswertung der Übung finden Sie auf Seite 151. Die Beschreibungen der verschiedenen Seiten muß nicht mit Ihrer persönlichen Beschreibung übereinstimmen. Es wird in der Auswertung nur eine Möglichkeit der Beschreibung aufgezeigt.

Ziel dieser Übung ist es, sich nochmals bewußtzumachen, daß jede Nachricht vier Seiten enthält.

3 Zuhören lernen / eine Nachricht empfangen

Wenn du mich zart und sanft berührst,
Wenn du mich anschaust und mir zulächelst,
Wenn du mir manchmal zuhörst, bevor du redest,
Werde ich wachsen, wirklich wachsen.

Bradley, neun Jahre alt[4]

Ebenso wie Kinder brauchen und wünschen sich auch Erwachsene, ganz als Person anerkannt und akzeptiert zu werden. „Zuhören ist eine der schönsten Formen des Streichelns, die ein Mensch einem anderen zukommen lassen kann.“[5]

Zuhören ist eine Grundvoraussetzung, wenn wir konstruktiv und förderlich miteinander umgehen wollen. Dies klingt zunächst selbstverständlich, beim genaueren Hinsehen wird aber deutlich, daß es überhaupt nicht so einfach ist, einem anderen Menschen wirklich zuzuhören.

Die Schwierigkeit beim Zuhören für den Empfänger der Nachricht besteht nun darin, alle vier Seiten aufzunehmen, richtig zu verstehen und auf die bestimmte Seite der Nachricht zu hören, die für den Sender von vorrangiger Bedeutung ist. Der Empfänger trägt also zu einem großen Teil die Verantwortung dafür, wie die gesendete Nachricht bei ihm ankommt.

Folgende Beispiele aus dem Kindergartenalltag sollen dies verdeutlichen:

[4] Aus: M. James / D. Jongeward: „Spontan leben“, 1986, S. 67.
[5] Ebenda, S. 71.

Einige Beispiele aus dem Kindergartenalltag

- Der Vertreter einer Spielzeugfirma möchte Ihnen im Kindergarten den neusten Katalog anbieten.
- Ein neues Kind kommt zu Ihnen und fragt ein wenig traurig: „Wann kommt denn endlich meine Mama?“
- Sie sind zusammen mit einer Kollegin in der Gruppe und das Telefon klingelt. Sie selbst können im Moment nicht aufstehen und zum Telefon gehen, weil Sie an einer Arbeit sitzen. Ihre Kollegin aber hat das Telefon nicht gehört. Sie rufen ihrer Kollegin zu: „ Das Telefon klingelt!“

Bei dem Vertreter der Spielzeugfirma steht eindeutig die Sachseite im Vordergrund. Er möchte sachlich über die neusten Angebote der Firma informieren und erwartet eine sachliche Reaktion der Erzieherin auf seine Angebote.

Für das neue Kind, das die Erzieherin nach der Mutter fragt, steht der Selbstoffenbarungsaspekt im Vordergrund. Es macht der Erzieherin mit seiner Frage deutlich, daß es sich nach seiner Mutter sehnt und sich vielleicht ein wenig verloren im Kindergarten fühlt. Die Kommunikation zwischen Erzieherin und Kind ist dann gelungen, wenn die Erzieherin diese Botschaft des Kindes heraushört und darauf eingeht. Es wäre dem Kind wenig mit einer sachlichen Information über die Uhrzeit gedient, zumal das Kind wahrscheinlich nichts mit einer Zeitangabe anfangen könnte.

Im dritten Fall steht die Appellseite im Vordergrund. Die Erzieherin sagt zwar auf der Sachseite, daß das Telefon klingelt, will aber deutlich mit dieser Aussage die Bitte oder den Appell an die Kollegin senden, ans Telefon zu gehen. Würde die Kollegin zum Beispiel lediglich die Sachinformation bestätigen, seelenruhig sitzen bleiben und den Appell überhören, wäre die Kommunikation zwischen den Erzieherinnen gestört.

- *Zusammenfassung:*

An Hand der vorher besprochenen Beispiele wird deutlich, wie wichtig es für den Empfänger ist, herauszufinden, welche Seite der Nachricht für den Sender von besonderer Bedeutung ist. Es können sehr leicht Mißverständnisse entstehen, wenn der Empfänger einer bestimmten anderen Seite der Nachricht ein besonderes Gewicht gibt, obwohl sie für den Sender selbst von geringer bzw. überhaupt keiner Bedeutung ist. Wir kennen alle aus dem Alltag den Satz: „Das habe ich doch überhaupt nicht gesagt!" Der Sender bringt hier zum Ausdruck, daß er sich mißverstanden fühlt, weil seine Nachricht beim anderen nicht mit der Bedeutung angekommen ist, wie er sie verstanden haben wollte.

Der Empfänger hat immer die Möglichkeit zu wählen, auf welche Seite er eingehen und reagieren will. Insofern liegt die Verantwortung für das richtige Verständnis der Nachricht also auch beim Empfänger.

Manche Menschen neigen nun eher dazu, auf die Sachseite zu reagieren, manche reagieren besonders stark auf die Beziehungsseite, für manche steht die Selbstoffenbarungsseite mehr im Vordergrund, und manche haben die Tendenz, hauptsächlich auf die Appellseite in der Nachricht eines anderen zu reagieren.

Auf die Schwierigkeiten, die beim Zuhören und richtigen Verstehen einer Nachricht entstehen können, soll in den folgenden Ausführungen eingegangen werden.

3.1 Zuhören auf der Sachseite

Manche Menschen neigen dazu, besonders auf die Sachseite einer Nachricht zu reagieren, und versuchen deshalb, alle Auseinandersetzungen auf der Sachebene zu führen. Dies führt immer dann zu Schwierigkeiten, wenn das Problem in Wirklichkeit nicht auf der Sachebene, sondern im zwischenmenschlichen Bereich liegt. Dies soll an folgenden Beispielen verdeutlicht werden.

Beispiel 1: Die Erzieherinnen sind seit einiger Zeit unzufrieden mit dem Führungsstil der Leiterin. Sie fühlen sich von ihr bevormundet und zuwenig in anstehende Entscheidungen mit einbezogen. Eines Tages teilt die Leiterin dem Team ihren Plan mit, mit den Schulkindern zum Abschluß der Kindergartenzeit in einer Jugendherberge zu übernachten. Das Team sperrt sich nun geschlossen gegen das Vorhaben der Leiterin mit vielen Sachargumenten. Der eigentliche Grund für die Ablehnung aber liegt darin, daß sich das Team ständig von der Leiterin übergangen fühlt.

Beispiel 2: Der neue Pfarrer wünscht, daß im Kindergarten mehr Wert auf die religiöse Erziehung gelegt wird. Die Erzieherinnen sind verunsichert und fühlen sich mit dem Wunsch des Pfarrers überfordert. Der Pfarrer reagiert, indem er auf den Arbeitsvertrag verweist und klarstellt, daß die religiöse Erziehung laut Arbeitsvertrag Bestandteil der pädagogischen Arbeit sein soll. Der Pfarrer hat mit dieser Erwiderung zwar sachlich recht, aber seine Reaktion ist nicht förderlich, weil das Problem in Wirklichkeit in dem Gefühl der Unsicherheit und Überforderung bei den Erzieherinnen liegt.

Übung: Der kontrollierte Dialog

An Hand der vorher beschriebenen Beispiele ist deutlich geworden, daß die Sachseite für den Sender nicht unbedingt die wichtigste Seite der Nachricht zu sein braucht. Es ist jedoch wichtig, diese Seite der Nachricht immer auch zu erfassen, um richtig zu verstehen, worin der sachliche Inhalt einer Nachricht besteht.

Kishon beschreibt in seiner Satire „Keiner hört zu" verschiedene Situationen, in denen einer dem anderen nicht zuhört. Ein Ausschnitt aus dieser Satire soll hier zur Veranschaulichung eingefügt werden.

„Was ich da entdeckt habe, geht – wie so manche bedeutende Entdeckung – auf einen Zufall zurück. Ich saß an einem Tisch des vor kurzem neu eröffneten Restaurants Martin & Maiglock und versuchte, ein Steak zu bewältigen, das es an Zähigkeit getrost mit Golda Meir[6] aufnehmen könnte. Von den beiden Inhabern beaufsichtigte Herr Martin den Küchenbetrieb, während Herr Maiglock gemessenen Schrittes im Lokal umherwandelte und jeden Gast mit ein paar höflichen Worten bedachte. So auch mich. Als er meinen Tisch passierte, beugte er sich vor und fragte:

„ Alles in Ordnung, mein Herr? Wie ist das Steak?"

„Grauenhaft!" antwortete ich.

„Vielen Dank, wir tun unser Bestes!" Maiglock setzte ein

[6] Seinerzeit Ministerpräsidentin in Israel, die im hohen Alter noch sehr zäh verhandeln konnte. Anmerkung des Verlages.

strahlendes Lächeln auf, verbeugte sich und trat an den nächsten Tisch."[7]

Die folgende Übung heißt: „Der kontrollierte Dialog". An Hand dieser Übung wird deutlich, wo die Schwierigkeiten liegen, wenn wir einem anderen Menschen auf der Sachseite zuhören und erfassen wollen, was er inhaltlich zum Ausdruck bringen will.

Beim kontrollierten Dialog sitzen sich zwei Gesprächspartner gegenüber und einigen sich zunächst auf ein Thema, zu dem sie verschiedener Meinung sind. Die Aufgabe besteht nun darin, über das Thema zu reden, wobei jeder immer zuerst die Argumente seines Partners sinngemäß wiederholen muß, bevor er selbst seine Argumente vorbringen kann. Nach dem Wiederholen der Argumente des Gesprächspartners bestätigt dieser die inhaltliche Richtigkeit mit „stimmt" oder „stimmt nicht".

Beispiel:

„Ich fahre am liebsten im Sommer in die Berge, weil ich dort wandern kann."

„Du fährst am liebsten in die Berge, weil du dort wandern kannst."

„Stimmt!"

„Ich fahre lieber ans Meer, weil ich es besonders schön finde, in der Sonne zu liegen und baden zu gehen."

„Du fährst am liebsten ans Meer, weil du gerne in der Sonne liegst und im Meer baden gehst."

„Stimmt!"

„Ich persönlich finde es langweilig, in der Sonne zu liegen, außerdem ist es auch ungesund."

„Du findest es langweilig ... usw."

Weiterhin gehört zu dieser Übung ein Beobachter, der das Gespräch mitverfolgt, die beiden Gesprächspartner auf mögliche Ungenauigkeiten oder Verständigungsfehler aufmerksam macht und weiterhilft, wenn das Gespräch ins Stocken gerät.

Das Gespräch kann etwa 10 Minuten dauern. Dann

[7] Ephraim Kishon: „Kein Öl, Moses?", 1991, S. 68.

wechseln die Gesprächspartner, so daß jeder auch einmal in die Rolle des Beobachters kommt.[8]

Diese Übung kann ohne große Vorbereitung im Team durchgeführt werden. Sie gibt wichtige Aufschlüsse darüber, welche Schwierigkeiten bei der Kommunikation auf der Sachseite entstehen können.

Auswertung des kontrollierten Dialogs

Die Übung wird von Teilnehmerinnen als sehr schwierig empfunden, weil normalerweise niemand in Wirklichkeit so redet, und es große Konzentration erfordert, bis zum Schluß zuzuhören und dann auch noch zu wiederholen, was der andere gesagt hat, bevor die eigenen Argumente vorgebracht werden können. Die Teilnehmerinnen machen jedoch bei dieser Übung wichtige Erfahrungen, die an dieser Stelle auch dem Leser vermittelt werden sollen:

- *Verhaltensweisen auf der Seite des Sprechenden, die das Zuhören erschweren:*

Das Zuhören wird deutlich erschwert, wenn der Sprechende sich ungenau ausdrückt und der Zuhörende deshalb nicht genau versteht, was der andere eigentlich sagen will.

Lange Sätze erschweren ebenfalls das Zuhören. Der Sprechende packt viel zu viele Informationen in einen Satz, der dadurch häufig verschachtelt und unübersichtlich wird.

Es kommt auch vor, daß der Sprechende immer weiterredet, weil er nicht weiß, wie er selbst zum Ende kommen soll. Dies geschieht öfters aus einer Unsicherheit heraus, die dadurch entstehen kann, daß der Sprechende vom Zuhörenden keine Resonanz auf das bekommt, was er gerade gesagt hat.

Erschwert wird das Zuhören auch dadurch, daß der Sprechende nicht so genau weiß, was er eigentlich sagen will. Er organisiert seine Gedanken nicht und bringt damit den Zuhörer in die schwierige Lage, selber die Gewichtung für die einzelnen Informationen herauszufinden.

[8] Vgl. K. Antons, 1974, S. 87-89.

● *Auf der Seite des Zuhörers gibt es folgende Schwierigkeiten:*
Zuhören fällt schwer, wenn man abgelenkt wird und dem Sprechenden keine ungeteilte Aufmerksamkeit schenken kann. Gerade wenn unterschiedliche Meinungen diskutiert werden, kommt es häufig vor, daß der Zuhörer schon über seine eigene Erwiderung nachdenkt, während der andere noch spricht.

Manchmal neigt der Zuhörer auch auf Details zu hören und sich darüber aufzuregen, ohne dabei den Gesamtzusammenhang zu beachten.

Es kann auch vorkommen, daß der Zuhörer den Gedanken des Sprechenden innerlich schon weiterdenkt und dann am Ende viel mehr wiederholt, als dieser in Wirklichkeit gesagt hat.

Es kann auch, wie in der Geschichte von Kishon beschrieben, geschehen, daß der Zuhörer schon eine bestimmte Erwiderung seines Gegenübers erwartet und deshalb nicht registriert, daß der andere etwas ganz anderes gesagt hat.

● *Zusammenfassung:*
Die Erfahrungen, die mit Hilfe dieser Übung gemacht werden können, lassen sich auch auf die Realität übertragen. Wenn wir wollen, daß uns andere wirklich zuhören können, müssen wir auf folgende Punkte in unserem eigenen Gesprächsverhalten achten:

- kurze, überschaubare Sätze bilden,
- vorher wissen, was man sagen will,
- sich möglichst genau ausdrücken,
- Informationen und Ideen übersichtlich und prägnant mitteilen.

Wenn wir anderen zuhören wollen, müssen wir auf folgendes achten:

- sich konzentrieren auf das, was der andere sagt,
- bis zum Schluß zuhören,
- versuchen, Einzelheiten im Gesamtzusammenhang zu erfassen,
- über die eigene Antwort erst dann nachdenken, wenn der Gesprächspartner ausgeredet hat.

3.2 Das Zuhören auf der Beziehungsseite

Wenn wir unserem Gesprächspartner auf der Beziehungsseite zuhören, hören wir auf das, was uns unser Gesprächspartner über uns selbst mitteilt, und erfahren, wie er im Augenblick zu uns steht. Die Kommunikation ist, was diese Seite der Nachricht anbelangt, besonders störanfällig. Manche Menschen haben die Tendenz, besonders auf die Beziehungsseite einer Nachricht zu reagieren. Sie neigen dazu, auch in beziehungsneutralen Äußerungen eines anderen Menschen eine Stellungnahme zu ihrer Person herauszuhören, und fühlen sich deshalb oftmals schnell gekränkt und beleidigt.

Beispiel 1: Die Mutter spricht die Erzieherin beim Abholen des Kindes an und sagt: „Christof hat schon seit ein paar Tagen sein Brot im Kindergarten nicht mehr gegessen."

Bei diesem Beispiel soll davon ausgegangen werden, daß die Mutter sachlich über dieses Thema reden und mit der Erzieherin besprechen will, ob sie Christof im Augenblick lieber überhaupt kein Brot mitgeben soll.

Falls die Erzieherin nun besonders empfindlich auf die Beziehungsseite reagiert und dazu neigt, sich schnell angegriffen zu fühlen, wird sie die Äußerung der Mutter wahrscheinlich als gegen ihre Person gerichtet mißverstehen. Sie wird möglicherweise den Vorwurf heraushören, daß sie sich nicht genügend um das Frühstück von Christof gekümmert hat. Ihre Reaktion könnte dann zum Beispiel lauten: „Ich kann mich nun wirklich bei den vielen Kindern nicht darum kümmern, ob Christof sein Frühstück gegessen hat oder nicht!" Die Mutter, die ja in Wirklichkeit überhaupt keinen Vorwurf vorbringen wollte, wird sich wahrscheinlich über die „patzige" Art der Erzieherin ärgern und entsprechend reagieren.

Beispiel 2: Erzieherin sagt zur Mutter: „Swenja ist in der letzten Zeit sehr unruhig in der Gruppe und kann sich schlecht konzentrieren. Dies ist so, seitdem sie jeden Morgen so früh gebracht wird." (Die Mutter hat wieder eine Halbtagsstelle angenommen).

Wir gehen in diesem Beispiel davon aus, daß die Erzieherin die Mutter darüber informieren möchte, daß Swenja im Augenblick noch Schwierigkeiten hat, sich an die neue Situation zu gewöhnen.

Eine Mutter, die nun dazu neigt, besonders auf die Beziehungsseite zu reagieren, könnte in der Äußerung der Erzieherin einen Vorwurf gegen ihre Person heraushören. Sie fühlt sich möglicherweise angegriffen, weil sie vermutet, daß die Erzieherin es nicht gut für Swenja findet, daß sie wieder arbeitet. Sie fühlt sich von der Erzieherin als „Rabenmutter" abqualifiziert und reagiert entsprechend gereizt. Die Erzieherin fühlt sich durch die Reaktion der Mutter verständlicherweise ungerecht behandelt und reagiert wiederum entsprechend.

- *Zusammenfassung:*

Wenn wir mit anderen im Gespräch sind, ist es sehr wichtig zu wissen, wie störanfällig besonders die Beziehungsseite ist. Wir müssen mit dieser Seite sehr sensibel umgehen und uns in diesem Zusammenhang klarmachen, daß wir Angriffe und Kränkungen vielleicht nur aus der Äußerung der anderen heraushören, ohne daß diese es in Wirklichkeit auch so meinen.

3.3 Zuhören auf der Appellseite

Auf der Appellseite hören wir unserem Partner dann zu, wenn wir versuchen herauszufinden, was er von uns erwartet oder verlangt. Manche Menschen neigen dazu, besonders auf die Appellseite einer Nachricht zu hören. Sie sind sozusagen immer in Lauerstellung und auf dem Sprung, um möglichst schnell zu erfassen, was von ihnen erwartet wird. Sie wollen es anderen immer recht machen und vernachlässigen dabei häufig sich selbst und die eigenen Vorstellungen und Wünsche.

Beispiel 1: Die Kolleginnen sitzen in der Mittagspause zusammen. Der Tisch ist gedeckt, und alle sind in fröhlicher Stimmung. Als das Ende der Mittagspause naht, sagt eine der Erzieherinnen: „Der Tisch muß noch abgeräumt werden!“ Die Praktikantin steht sofort auf und beginnt mit dem Aufräumen.

Wenn wir davon ausgehen, daß in diesem Kindergarten partnerschaftlich gearbeitet wird und es keineswegs als Aufgabengebiet der Praktikantin angesehen wird, Aufräumarbeiten allein zu erledigen, kann man aus dem Verhalten der Praktikantin schließen, daß sie möglicherweise dazu neigt, auf der Appellseite besonders deutlich zu reagieren. Sie hat die Äußerung der Erzieherin als Aufforderung an sich selbst verstanden, obwohl diese die Praktikantin überhaupt nicht direkt angesprochen hat und ihre Äußerung in Wirklichkeit keineswegs als „Wink mit dem Zaunpfahl“ gemeint war.

Beispiel 2: Ein Ehepaar sitzt zum Essen zusammen. Der Ehemann fragt: „Ist noch Kuchen da?“ Die Ehefrau reagiert, indem sie aufspringt mit den Worten: „Ich hole dir von draußen noch ein Stück!“

Auch in diesem Beispiel wird deutlich, daß die Ehefrau ganz auf die Appellseite reagiert hat. Vielleicht wollte der Mann in Wirklichkeit nur wissen, ob er später irgendwann noch ein Stück essen kann, wenn noch etwas übrig ist, und hat überhaupt nicht daran gedacht, seine Frau in die Küche zu schicken, um ein Stück Kuchen zu holen.

- *Zusammenfassung:*

An Hand der Beispiele wird deutlich, daß in der Äußerung eines anderen nicht vorrangig ein Appell zu stecken braucht und daß nur wir selbst möglicherweise dazu neigen, besonders auf die Appellseite zu reagieren und deshalb die eigentliche Aussage der Nachricht mißverstehen.

3.4 Zuhören auf der Selbstoffenbarungsseite

Das Zuhören auf der Selbstoffenbarungsseite bezieht sich auf das, was der Gesprächspartner in seiner Äußerung über sich selbst aussagt.

Manche Menschen neigen bei Konflikten dazu, besonders auf die Selbstoffenbarungsseite des Gesprächspartners einzugehen und zu reagieren, indem sie nichts an sich selbst herankommen lassen und immer nur das Problem beim anderen sehen, sich aber selbst nicht verantwortlich fühlen.

Beispiel 1: In einem Kindergarten kommt eine Kollegin ständig zu spät und verläßt auch während der Kindergartenzeit die Gruppe, um einzukaufen, obwohl die Kinder in dieser Zeit unbeaufsichtigt sind. Die Leiterin befürchtet nun, daß ein Unfall passieren könnte, wenn die Erzieherin gerade beim Einkaufen ist, und kritisiert die Erzieherin wegen ihres Verhaltens.

Die Erzieherin reagiert, indem sie sagt: „Die andere Leiterin hatte nichts dagegen. Sie machen sich ja immer Sorgen!"

Mit ihrer Antwort macht die Erzieherin deutlich, daß sie das Problem eindeutig bei der Leiterin sieht, weil diese in ihren Augen völlig übertrieben reagiert. Sie ist in keiner Weise bereit, über ihr eigenes Verhalten selbstkritisch nachzudenken, und sieht deshalb auch keinen Grund, in ihrem Verhalten etwas zu ändern. Sie dreht mit dieser Äußerung den Spieß herum, indem sie die Leiterin für den Konflikt verantwortlich macht, obwohl sie selbst ihn in Wirklichkeit verursacht hat.

Dieses Beispiel zeigt, welche negativen Auswirkungen es haben kann, wenn jemand bei Konflikten die Fehler nur bei den anderen sieht, sich selbst aber nicht selbstkritisch zu sehen in der Lage ist.

Mit dem Zuhören und Reagieren auf die Selbstoffenbarungsseite des anderen Menschen verbinden sich jedoch auch große Chancen für ein hilfreiches und weiterführendes Gespräch. Das Zuhören auf der Selbstoffenbarungsseite eröffnet die Möglichkeit, sich in die Gedanken und Gefühle eines anderen Menschen hineinzuversetzen und ihn zu verstehen, und so ein hilfreiches und weiterführendes Gespräch zu führen.

Beispiel 2: Mutter sagt zur Erzieherin:

„Ich weiß nicht mehr, was ich tun soll. Thomas wacht nachts ständig auf und sagt, daß er Angst hat."

Die Erzieherin erwidert: „Sie sind im Augenblick ratlos und machen sich große Sorgen um Thomas."

Die Erzieherin geht in dieser Erwiderung ganz auf die Empfindungen der Mutter ein und gibt ihr damit das Gefühl, ernst genommen und verstanden zu werden. Man nennt diese Form des Zuhörens das „aktive Zuhören“.

Auf diese Art des Zuhörens wird auf den nächsten Seiten intensiv eingegangen, denn aktives Zuhören ist die Grundvoraussetzung für Gespräche, die anderen wirklich weiterhelfen sollen.

Wie wir später noch sehen werden, hat das Zuhören auf der Selbstoffenbarungsebene eine sehr positive Wirkung auf den Ratsuchenden, wenn es verantwortlich angewendet wird.

● *Zusammenfassung:*
Mit dem Zuhören auf der Selbstoffenbarungsseite verbinden sich große Chancen für ein hilfreiches Gespräch, indem man aktives Zuhören anwendet.

Wie wir aber in den Beispielen gesehen haben, kann man es auch mißbrauchen, indem man unempfindlich für Rückmeldung und Kritik von anderen wird.

3.5 Das vervollständigte Modell der zwischenmenschlichen Kommunikation

Schulz von Thun stellt mit Hilfe des folgenden Modells[9] der zwischenmenschlichen Kommunikation anschaulich dar, daß die Nachricht, die abgesendet wird, nicht auch gleichzeitig mit der Nachricht, die beim Empfänger ankommt, übereinstimmen muß. Dabei wird unterschieden zwischen gesendeter Nachricht und empfangener Nachricht. Weiterhin wird an Hand dieses Modells deutlich, daß die Reaktion des Empfängers, das Feed-back, davon abhängig ist, wie der Empfänger die Nachricht des Senders verstanden hat.

[9] F. Schulz von Thun, 1990, S. 81.

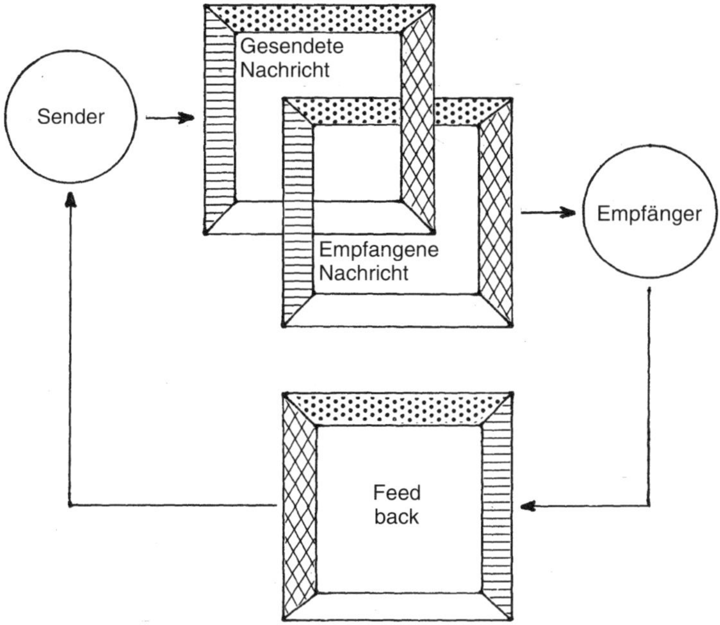

Hilfen für die Entschlüsselung von Nachrichten

In den vorangegangenen Ausführungen ist deutlich geworden, daß Mißverständnisse und Störungen in der Kommunikation mit anderen dann aufkommen, wenn der Empfänger die Nachricht nicht in der Bedeutung empfängt und versteht, wie sie der Sender abgeschickt hat. Der Empfänger der Nachricht ist ebenso wie der Sender verantwortlich für die gegenseitige Verständigung, da die Reaktion des Empfängers auf die Nachricht zu einem guten Teil sein eigenes Werk ist.

Es ist wichtig, diese Vorgänge aus der Kommunikationspsychologie zu kennen und sich immer wieder bewußtzumachen, daß wir als Zuhörer mitverantwortlich dafür sind, wie eine Nachricht bei uns ankommt. Das Wissen um den Unterschied von gesendeter und angekommener Nachricht kann hilfreich sein, wenn es darum geht, Mißverständnisse zu erkennen und auszuräumen. Denn wenn einmal klar ist, wo die Störung ihre Ursache hat, ist es in vielen Fällen auch leichter, darüber zu reden und damit umzugehen.

Die nichtsprachlichen Kommunikationsmittel können uns helfen, das, was mit Worten gesagt wurde, richtig zu verstehen. Mimik, Gestik, der Tonfall usw. geben uns wichtige Anhaltspunkte, wie wir eine Nachricht deuten und verstehen sollen.

Ein Kind sagt zum Beispiel: „Noch zwei Tage, und ich schlafe bei der Oma!"

Allein aus dem Inhalt des Gesagten geht noch nicht hervor, welche Bedeutung es für das Kind hat, bei der Oma zu schlafen. Nur aus dem Tonfall, seiner Mimik und seiner Gestik werden wir schließen können, ob sich das Kind auf den Besuch freut oder ob es vielleicht überhaupt nicht zur Oma will. In diesem Fall geben uns die nichtsprachlichen Kommunikationsmittel also sehr viel Aufschluß über die innere Befindlichkeit und die Gefühle und Empfindungen des Kindes.

Um eine Nachricht richtig zu entschlüsseln, ist es auch wichtig, den Gesamtzusammenhang, in dem sie steht, in die Deutung der Nachricht mit einzubeziehen. An dieser Stelle soll nochmals das Beispiel von der Erzieherin aufgegriffen werden, die mit der Äußerung: „Das Telefon klingelt!" ihre Kollegin auffordert, ans Telefon zu gehen, da sie im Augenblick selber verhindert ist.

In einem anderen Zusammenhang kann ein solcher Satz als Bevormundung erlebt werden. Die Kollegin würde sich möglicherweise durch diese Äußerung herumgeschickt und in ihrer Person abgewertet fühlen.

Es ist für den Zuhörer wichtig, sich bewußtzumachen, auf welche Seite der Nachricht er besonders zu reagieren neigt, da ihm dies möglicherweise helfen kann, auch andere Möglichkeiten der Deutung mit einzubeziehen. Wenn zum Beispiel dem Zuhörer bewußt ist, daß er sehr stark auf die Beziehungsseite reagiert und sich schnell gekränkt und beleidigt fühlt, kann er nun stärker auch auf die anderen

Seiten der jeweiligen Nachricht achten und hat damit die Chance, herauszufinden, daß es vielleicht „überhaupt nicht so gemeint war".

Nachfragen ist das einfachste und direkteste Mittel, um eine Nachricht richtig zu entschlüsseln. Der Sender hat dann die Möglichkeit, etwas richtigzustellen, zu relativieren oder nochmals zu betonen. Nachfragen hilft in jedem Fall, Mißverständnisse zu klären.

Beispiel: „Du hast heute morgen so ein ärgerliches Gesicht gemacht. Hast du dich über irgend etwas geärgert?"
Beispiel: „Kannst du mir sagen, wie du das genau gemeint hast?"

In den vorigen Kapiteln wurden einige grundlegende Vorgänge in der Kommunikation beschrieben. Die Inhalte der vorigen Kapitel waren nicht neu, jeder kennt sie aus seinem beruflichen und privaten Alltag. Es ist jedoch sehr wichtig, sich diese Vorgänge bewußtzumachen, die ja jeden Tag ablaufen und wenig beachtet werden. Dies kann uns helfen, die Kommunikation untereinander besser zu verstehen und Mißverständnisse rechtzeitig zu erkennen und aufzuklären.

4 Gespräche führen im Kindergarten

Im Kindergartenalltag geschieht es oft, daß Eltern zur Erzieherin kommen und ein Gespräch mit ihr suchen. Meistens sind es die Mütter, die über ihr Kind sprechen wollen, da sie ja auch das Kind in den Kindergarten bringen.

Viele Mütter nutzen die Bring- und Abholsituation, um bei der Erzieherin ein Problem anzusprechen. Dies ist für die Mütter zunächst einmal eher unverfänglich, denn sie brauchen keinen Gesprächstermin auszumachen. Ein Gesprächstermin würde dem Problem eine stärkere Gewichtung geben. Viele Mütter scheuen davor zurück, sich direkt einen Termin geben zu lassen, weil sie nicht genau wissen, wie sich die Erzieherin zu ihrem Problem stellen und was sie sagen wird. Gespräche mit Fachleuten sind in vielen Fällen eher mit Angst besetzt und werden aus diesem Grund oft vermieden.

Für viele Eltern, die das Beste für ihr Kind wollten und plötzlich merken, daß sich das Kind anders entwickelt, ist es ein schwerer Schritt, Hilfe bei anderen Menschen zu suchen. Die Scheu vor den Fachleuten ist dabei verständlicherweise besonders groß.

Die Situation für die Erzieherin, die mit einem Problem zwischen Tür und Angel konfrontiert wird, ist schwierig und stellt häufig eine Überforderung dar. Denn außer der Mutter, die ihre Aufmerksamkeit beansprucht, sind da noch die anderen Kinder und möglicherweise auch noch andere Mütter, die etwas von ihr wollen.

Zusätzlich gerät die Erzieherin in vielen Fällen auch noch durch die Erwartung der Mutter, möglichst schnell einen Ratschlag zu bekommen, unter Druck.

Die Bedeutung der Tür- und Angelgespräche liegt darin, daß überhaupt erst einmal ein Kontakt zwischen Erzieherin und Mutter entsteht. Es würde jedoch den Rahmen sprengen und die eigenen Möglichkeiten übersteigen, wollte man den Tür- und Angelgesprächen die Qualität eines wirklich hilfreichen Gespräches geben. Vor allen Dingen ist es wichtig, daß sich die Erzieherin der begrenzten Möglichkeiten eines Gesprächs unter diesen Bedingungen bewußt ist und sich nicht unter Druck setzt, den Erwartungen der Mutter zu entsprechen und schnell einen Rat zu geben.

Unter diesen Umständen einen hilfreichen und sinnvollen Rat zu geben ist von den Erfolgschancen her so gering einzuschätzen wie ein Volltreffer im Lotto. Denn die Mutter hat viel zuwenig über das Problem selbst und ihre Gedanken und Gefühle dazu mitgeteilt.

Ein vorschnell gegebener Rat hat in der Regel eher die gegenteilige Wirkung. Wenn die Mutter sich auch im Moment einen Rat wünscht, würde ein unangemessener Rat ihr eher das Gefühl übermitteln, abgespeist worden zu sein oder nicht ernst genommen zu werden. Es ist deshalb im Interesse des Ratsuchenden wichtig, in einer geeigneten Situation soviel wie möglich über das Problem selbst sowie über die Einstellung und Gefühle des Ratsuchenden zu erfahren.

Wie sich die Erzieherin nun tatsächlich verhalten kann, wenn sie zwischen Tür und Angel in ein Gespräch verwickelt wird, mit dem sie sich im Moment überfordert fühlt, hängt immer von der Situation selbst, der Einschätzung durch die Erzieherin und den konkreten Möglichkeiten der Erzieherin im Einzelfall ab. Manchmal kann es notwendig sein, sofort ein ruhiges Gespräch zu führen und eventuell eine Kollegin zu Hilfe zu holen, damit die Kinder versorgt sind. Diese Vorgehensweise kann dann sinnvoll sein, wenn befürchtet werden muß, daß die Mutter nicht noch ein zweites Mal auf die Erzieherin zukommen wird oder das Problem selbst ein sofortiges Gespräch erforderlich macht.

Manchmal ist es vielleicht angemessen, gleich einen Gesprächstermin auszumachen und zu signalisieren, lieber in Ruhe ein Gespräch führen zu wollen. „Ich kann Ihnen im

Moment nicht so zuhören, wie ich es mir wünsche. Können wir einen Termin für ein Gespräch ausmachen?"

In manchen Fällen kann es angebracht sein, lediglich Interesse und Gesprächsbereitschaft zu signalisieren und der Mutter die Möglichkeit eines weiterführenden Gesprächs anzubieten, ohne schon einen genaueren Termin auszumachen. „Wenn Sie wollen, können wir uns einmal in Ruhe darüber unterhalten."

Wie sich die Erzieherin in der konkreten Situation richtig verhält, hängt immer von ihrer Einschätzung und den organisatorischen und räumlichen Bedingungen des Kindergartens ab. Wenn sie zum Beispiel nicht auf eine Kollegin zurückgreifen kann, weil im Augenblick zu wenig Personal im Kindergarten ist, kann sie beim besten Willen nicht sofort ein ruhiges Gespräch führen.

Genauso schwierig wird es, wenn im Augenblick kein Raum zur Verfügung steht oder die Erzieherin selbst dringend nach Hause muß, weil vielleicht die eigenen Kinder warten oder andere Verpflichtungen eingehalten werden müssen.

Übungsgespräch zwischen einer Erzieherin und einer Mutter

Das folgende Gespräch wurde als Übungsgespräch entwickelt und dient dazu, modellhaft aufzuzeigen, welche Schwierigkeiten bei einem Gespräch entstehen können.

Der Leser hat die Möglichkeit, beim Lesen des Textes auf folgende Fragen zu achten:

1. In welcher Situation befinden sich Mutter und Erzieherin gefühlsmäßig?
2. Welche äußeren Bedingungen erschweren das Gespräch?
3. Welche Auswirkungen hat das Gespräch auf die Mutter?
4. Wo sind neben den schwierigen äußeren Bedingungen die Gründe für diesen Gesprächsverlauf zu suchen?

Die eigenen Ergebnisse können dann mit der Auswertung, die im Anschluß an das Übungsgespräch erfolgt, verglichen werden.

Die Leiterin sitzt im Büro und trifft die letzten Vorbereitungen für das bevorstehende Sommerfest. Es klopft, Frau S. kommt etwas zögernd herein:

Leiterin: Ach, guten Tag, ist es schon drei Uhr? Bitte entschuldigen Sie, aber wir stecken bis über beide Ohren in den Vorbereitungen für das bevorstehende Sommerfest.

Mutter: Soll ich lieber ein anderes Mal wiederkommen?

Leiterin: Nein, nein, der Termin war ja ausgemacht. Bitte nehmen Sie Platz (räumt den Stuhl neben ihrem Schreibtisch frei). Was kann ich für Sie tun?

Mutter: Wissen Sie, es geht um Thomas. Er hat sich in der letzten Zeit so verändert, seit Oliver auf der Welt ist. Er ist so aggressiv, und man muß Angst haben, ihn mit dem Baby allein zu lassen.

Leiterin: Das ist sicher so eine Phase, die er gerade durchmacht.

Mutter: Das sage ich mir ja auch die ganze Zeit, aber trotzdem mache ich mir Sorgen, daß er sich zu kurz gekommen fühlt.

Leiterin: Vielleicht müßten Sie sich tatsächlich mehr Zeit für ihn nehmen.

Mutter: Das tue ich doch, so oft ich nur kann, aber es nützt alles nichts. Mein Mann ist auch schon ärgerlich und sagt, man müßte strenger mit ihm sein. Ich wäre einfach zu nachgiebig.

Leiterin: Ich würde Ihnen ja gerne einen Rat geben, aber da ist guter Rat teuer. Im Kindergarten macht Thomas überhaupt keine Probleme. Ich denke, man sollte sein Verhalten zu Hause nicht dramatisieren.

Mutter: Ach, wissen Sie, ich wollte eigentlich ja nur mal mit jemandem darüber sprechen.

Leiterin: Vielleicht wäre es sinnvoll, sich mal mit einer Erziehungsberatungsstelle in Verbindung zu setzen. Dort sind qualifizierte Psychologen, die für solche Fälle die nötigen Hilfen geben können.

Mutter: Was, zum Psychologen? Ist es so schlimm?

Leiterin: Es war ja nur ein Rat, es ist Ihre Entscheidung, ob Sie ihn annehmen oder nicht.

Mutter: Ja, vielen Dank, das überlege ich mir noch. Jetzt will ich Sie nicht weiter aufhalten.

Auswertung des Gesprächsverlaufs / Erläuterungen und Erklärungen

Zu Frage 1: *In welcher Situation befinden sich die Erzieherin und die Mutter gefühlsmäßig?*
Die Gefühle der Mutter können folgendermaßen beschrieben werden: Die Mutter ist unsicher, ängstlich, besorgt um ihren Sohn, ratlos, wie sie sich verhalten soll, unter Druck wegen der Einstellung ihres Mannes, wünscht sich Hilfe und Unterstützung.

Die Gefühle der Erzieherin kann man folgendermaßen beschreiben: Die Erzieherin steht unter Druck wegen des bevorstehenden Sommerfestes, sie hat das Gefühl, alles managen zu müssen, sie möchte das Gespräch möglichst schnell und effektiv zu Ende bringen.

Zu Frage 2: *Welche äußeren Bedingungen erschweren das Gespräch?*
Die Erzieherin hat im Grunde keine Zeit, sich mit der Mutter zu unterhalten. Der Hinweis auf den bereits verabredeten Termin soll diesen Eindruck verwischen, wirkt aber auf Grund der gesamten Situation unglaubwürdig. Die Erzieherin hat sich offensichtlich nicht auf das Gespräch vorbereitet, ist eher überrascht, daß die Mutter schon kommt. Das ganze Zimmer ist unaufgeräumt, nicht mal eine Sitzgelegenheit ist für die Mutter vorgesehen.

Zu Frage 3: *Welche Auswirkungen hat das Gespräch auf die Mutter?*
Die Mutter ist schon bei den ersten Worten der Erzieherin unsicher, ob sie überhaupt hereinkommen soll. Sie hat den Eindruck, ungelegen zu kommen und die Erzieherin zu stören. Im Verlauf des Gesprächs fühlt sie sich von der Erzieherin allein gelassen und wird immer mehr verunsichert, da die Erzieherin ihr Problem entweder herunterspielt (Das ist sicher nur so eine Phase, die er gerade durchmacht) oder Ratschläge gibt, die nicht weiterhelfen, sondern von der Mutter eher als indirekter Vorwurf verstanden werden müssen (Vielleicht müßten Sie sich tatsächlich mehr Zeit für ihn nehmen). Nachdem sie selbst gemerkt hat, daß sie nicht

weiterkommt und die Mutter eher noch mehr verstört ist, empfiehlt sie, eine Erziehungsberatungsstelle aufzusuchen. Über diese Idee ist die Mutter völlig entsetzt, da sie nun befürchtet, daß die Probleme mit ihrem Sohn noch wesentlich gravierender sein müssen, als sie selbst vorher angenommen hatte.

Zu Frage 4: *Wo sind neben den schwierigen äußeren Bedingungen die Gründe für diesen Gesprächsverlauf zu suchen?* Die Mutter fühlt sich durch das Verhalten der Erzieherin völlig verunsichert. Wie wir bereits gesehen haben, beginnt die Verunsicherung der Mutter schon bei den ersten Worten der Erzieherin, weil sie nicht weiß, ob sie wieder gehen soll oder ob sie bleiben soll. Wenn man genauer hinschaut, übermittelt die Erzieherin der Mutter zu Beginn des Gesprächs eine doppelte Botschaft: Einerseits gibt sie durch ihren erstaunten Blick auf die Uhr, den belagerten Stuhl und das unaufgeräumte Zimmer deutlich zu verstehen, daß sie sich gestört und in ihrer Beschäftigung unterbrochen fühlt. Andererseits verweist sie auf den vereinbarten Termin und sagt damit indirekt, daß sie die Mutter erwartet hat und nun unbedingt das Gespräch führen will.

Die Mutter ist durch diese Doppelbotschaft in einer sehr verzwickten Lage, da sie nicht weiß, auf welche Botschaft sie reagieren soll. Orientiert sie sich an dem Hinweis der Erzieherin auf den vereinbarten Termin und bleibt, hat sie das Gefühl, sich falsch zu verhalten, da sie die Erzieherin offensichtlich stört. Entscheidet sie sich aber, wieder zu gehen, weil sie das Gefühl hat, ungelegen zu kommen, hat sie ebenfalls den Eindruck, sich falsch zu verhalten, weil sie den verabredeten Termin nicht einhält.

Man nennt diese Art von Verwirrspielen „Doppelbindung“ oder „double-bind“.

Ein weiterer Grund für diesen unbefriedigenden Gesprächsverlauf ist darin zu sehen, daß die Erzieherin überhaupt nicht auf das eingeht, was die Mutter in diesem Gespräch über sich selbst zum Ausdruck bringt. Die Erzieherin klammert die Selbstoffenbarungsseite aus und greift in keiner Weise die Ratlosigkeit und Besorgnis der Mutter um ihr Kind auf. Sie nimmt lediglich das Problem der Mutter auf der Sachseite wahr und reagiert auf den vermeintlichen Appell der Mutter, ihr doch zu helfen und ihr eventuell einen Rat zu geben. Das eigentliche Bedürfnis der Mutter, sich einmal auszusprechen und ihre Sorgen einem anderen Menschen anzuvertrauen, bleibt von der Erzieherin unberücksichtigt.

Das Gespräch endet für die Mutter in völliger Ratlosigkeit und Verwirrung. Grund dafür sind die Doppelbotschaften der Erzieherin am Anfang, das Ausklammern der Selbstoffenbarungsseite und das Bedürfnis der Erzieherin, der Mutter mit einem Rat so schnell wie möglich zu helfen.

Ein weiterer Grund für das am Ende schlechte Gefühl der Mutter ist darin zu sehen, daß die Erzieherin zunächst ihr Problem bagatellisiert. Möglicherweise möchte sie die Mutter damit trösten, indem sie ihr sagt, daß ihr Sohn nur eine bestimmte Entwicklungsphase durchmacht und sich deshalb das Problem von selbst erledigen wird. Zu diesem Zeitpunkt des Gesprächs ist eine Verharmlosung des Problems nicht angebracht, weil die Mutter ihr Anliegen ja immerhin so wichtig findet, daß sie sogar deshalb einen Gesprächstermin ausgemacht hat. Die Mutter fühlt sich auch dadurch von der Erzieherin nicht ernst genommen.

Dem anfänglichen Herunterspielen steht dann der als bedrohlich empfundene Vorschlag, eine Erziehungsberatungsstelle aufzusuchen, gegenüber. Die Verharmlosung des Problems von seiten der Erzieherin einerseits und andererseits der Vorschlag, eine Erziehungsberatungsstelle aufzusuchen, verwirren die Mutter sehr, weil sie nun überhaupt nicht mehr einschätzen kann, wie bedeutsam ihr Anliegen für die Erzieherin wirklich ist.

- *Zusammenfassung der Ergebnisse:*

Zusammenfassend kann man sagen, daß es für ein konzentriertes, hilfreiches Gespräch notwendig ist, einen ruhigen, angemessenen Rahmen zu schaffen, damit möglichst keine Störungen von außen das Gespräch unterbrechen können.

Die Gesprächsatmosphäre ist von entscheidender Bedeutung für den weiteren Gesprächsverlauf. Schon durch günstige äußere Bedingungen kann dem Ratsuchenden das Gefühl vermittelt werden, daß er mit seinem Anliegen wichtig und ernst genommen und als Person geschätzt und anerkannt wird.

Weiterhin gehört zu einem konstruktiven Gespräch, daß der Berater Zeit für den Ratsuchenden hat und bereit ist, ihm zuzuhören, ohne unter Zeitdruck zu stehen und sich gleich unter den Druck zu setzen, einen zutreffenden Rat geben zu müssen.

Es ist notwendig, dem Ratsuchenden das Gefühl zu vermitteln, ernst genommen zu werden. Bagatellisierungen, Tröstungen, vorschnell gegebene Ratschläge und Verharmlosungen haben häufig den Effekt, daß der Ratsuchende sich allein gelassen und mißverstanden fühlt.

Das Verhalten des Beraters muß für den Ratsuchenden klar, eindeutig und berechenbar sein. Er muß wissen, wo er beim Berater dran ist. Double-binds entstehen dann, wenn der Berater selbst nicht so genau weiß, was er will. In unserem Fallbeispiel ist die Erzieherin selbst verwirrt und zwischen ihren verschiedenen Verpflichtungen hin und her gerissen. Da sie selbst nicht klar weiß, ob sie sich um die Vorbereitung des Sommerfestes kümmern oder sich mit der Mutter über Thomas unterhalten soll, ist auch ihre Kommunikation nicht eindeutig und trägt sehr zur Verunsicherung der Mutter bei.

Bei einem Beratungsgespräch steht immer die Selbstoffenbarungsseite des Ratsuchenden im Vordergrund. Der Berater muß auf diese Seite der Nachricht besonders eingehen, damit sich der Ratsuchende angenommen und verstanden fühlen kann.

5 Das aktive Zuhören

Das aktive Zuhören ist bisher schon mehrmals angesprochen worden. In den folgenden Ausführungen und an Hand von Gesprächsbeispielen und Übungen soll in den nächsten Kapiteln intensiv auf das aktive Zuhören eingegangen werden, weil es von entscheidender Bedeutung für hilfreiche und weiterführende Gespräche ist.

Aktives Zuhören bedeutet, daß der Berater sich ganz auf die Empfindungen und Gefühle des Ratsuchenden konzentriert, sie heraushört und versprachlicht. Er spricht dabei die Selbstoffenbarungsseite des Ratsuchenden an und versucht damit, ihn auf dieser Ebene wirklich zu verstehen.

Was beim aktiven Zuhören genau geschieht, soll an Hand des folgenden Schaubildes dargestellt werden.[10]

Beispiel: Die Mutter sagt zur Erzieherin: „Mein Mann hat seine Arbeitsstelle verloren."

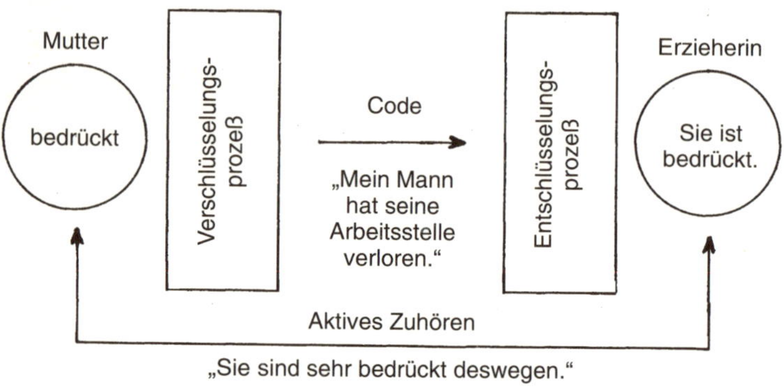

[10] Vgl. Th. Gordon, 1990, S.63. Das Schaubild wurde von Gordon entwickelt, das Beispiel ist dem Kindergartenbereich entnommen.

Die Erzieherin entschlüsselt in diesem Fall das Gefühl der Mutter und versprachlicht das Gefühl in ihrer Antwort: „Sie sind sehr bedrückt deswegen."

Sie geht also nicht auf den Inhalt der Nachricht in ihrer Erwiderung ein, sondern nur auf das Gefühl, das der Aussage zugrunde liegt. Die Mutter kann nun bestätigen und sagen: „Ja, ich fühle mich sehr bedrückt, ich weiß wirklich nicht, wie es weitergehen soll."

An Hand der folgenden Beispielsätze soll nun nochmals verdeutlicht werden, was aktives Zuhören bedeutet:

Stellen Sie sich bei den folgenden Beispielsätzen vor, daß alle Äußerungen am Beginn eines Gesprächs stehen. Die Erzieherin versucht nun in allen Fällen, mit Hilfe von aktivem Zuhören die Tür für ein weiterführendes Gespräch zu öffnen, um ihre Gesprächspartner zum Weitersprechen zu ermutigen. Aktives Zuhören eignet sich sehr gut als Einstieg in ein Gespräch.

Elternäußerung: „Wir haben hier überhaupt keinen Bekanntenkreis. Die Leute wollen scheinbar unter sich bleiben."
Reaktion mit aktivem Zuhören:
„Sie fühlen sich hier sehr isoliert und allein."

Elternäußerung: „Mein älterer Sohn ist so verbohrt. Ich rede und rede, aber es hat alles keinen Zweck."
Reaktion mit aktivem Zuhören:
„Sie haben das Gefühl, bei ihm gegen eine Wand zu laufen."

Elternäußerung: „Markus ist schon vier Jahre alt, und ich finde, er sollte jetzt in den Kindergarten. Aber wissen Sie, er ist ein Einzelkind und war immer nur bei mir zu Hause. Ob er wohl im Kindergarten zurechtkommt?"
Reaktion mit aktivem Zuhören:
„Sie machen sich Sorgen, daß Markus Sie vermissen könnte, wenn er im Kindergarten ist."

Elternäußerung: „Eigentlich weiß ich gar nicht, was Jan so im Kindergarten macht. Wenn ich ihn frage, sagt er jedesmal ‚nichts'."
Reaktion mit aktivem Zuhören:
„Sie sind unsicher, was Jan so den ganzen Tag im Kindergarten

macht und fragen sich, ob es wirklich ‚nichts' ist. Sie möchten gerne mehr darüber erfahren."

Elternäußerung: „Manchmal möchte ich am liebsten davonlaufen! Der Haushalt, die Kinder..."
Reaktion mit aktivem Zuhören:
„Sie haben im Augenblick alles so richtig satt."

Kollegenäußerung: „Diese Mutter meint, sie sei etwas Besseres. Ständig weiß sie alles besser und gibt mir noch Ratschläge, wie ich arbeiten soll. Nur weil sie die Frau vom Professor ist.
Reaktion mit aktivem Zuhören:
„Du bist sehr ärgerlich über die Mutter und fühlst dich von ihr abgewertet."

Kollegenäußerung: „Mit Frau S. müßte ich mal wegen Melanie sprechen. Melanie hat einen Sprachfehler und müßte meiner Meinung nach in logopädische Behandlung. Frau S. ist aber so überzeugt von ihrer Tochter und stellt sie immer als Genie dar."
Reaktion mit aktivem Zuhören:
„Du scheust davor zurück, mit Frau S. zu sprechen, weil du befürchtest, daß Frau S. deine Beobachtungen nicht ernst nimmt."

Praktikantenäußerung: „Ich habe den Eindruck, daß ich nichts von dem, was ich gelernt habe, in die Praxis umsetzen kann."
Reaktion mit aktivem Zuhören:
„Sie sind enttäuscht, weil Sie sich mehr praktische Hilfen von der Ausbildung erwartet hätten."

Viele Menschen haben mehr gelernt, ihre Probleme mit dem Kopf zu lösen, und beziehen ihre Gefühle nur in untergeordneter Weise in den Problemlösungsprozeß mit ein. Für einen Berater ist es jedoch wichtig, zu wissen, daß Gefühl und Verstand zusammengehören, d.h., daß wir zwar unseren Kopf und unsere intellektuellen Fähigkeiten brauchen, daß wir aber ohne die Einbeziehung unserer Gefühle und unseres inneren Erlebens selbst nicht zu einer angemessenen Problemlösung kommen können. Ebenso können wir auch anderen nicht zu einer Problemlösung verhelfen, wenn wir deren Gefühle und Empfindungen ausklammern.

Aktives Zuhören ist deshalb von größter Bedeutung für hilfreiche, einfühlsame und weiterführende Beratungsgespräche. Aktives Zuhören öffnet die Tür für ein weiteres Gespräch und lädt den anderen ein, mehr über sich und seine Gefühle zum Ausdruck zu bringen.

5.1 Andere Möglichkeiten, Menschen zum Weiterreden zu ermutigen

Neben dem aktiven Zuhören gibt es auch andere Möglichkeiten, den anderen zum Weiterreden zu ermutigen und ihm zu signalisieren, daß wir bereit sind, ihm zuzuhören und auf ihn einzugehen.

Die einfachsten Türöffner für ein weiterführendes Gespräch sind kleine Worte wie: „Aha", „Oh", „Tatsächlich", „Wirklich" usw. oder einfache Sätze wie: „Möchtest du darüber sprechen?", „Schieß los, ich höre!" „Dein Standpunkt interessiert mich!" usw.[11]

Beispiel: Erzieherin sagt zu ihrer Kollegin am Montag: „Gestern hatte ich mit meinem Mann Streit, es war wirklich ziemlich schlimm."
Die Kollegin erwidert: „Möchtest du darüber sprechen?"

Eine verbindlichere Form, die Tür für ein Gespräch zu öffnen, ist das Paraphrasieren. Beim Paraphrasieren wiederholt man inhaltlich, was der andere gesagt hat, ohne dabei eine Wertung mit einzubringen. Dem Ratsuchenden wird also der Inhalt seiner eigenen Aussage ähnlich wie beim kontrollierten Dialog gespiegelt.

Paraphrasieren und aktiv zuhören unterscheiden sich darin, daß beim aktiven Zuhören die hinter einer Aussage liegenden Gefühle versprachlicht werden, während beim Paraphrasieren nur inhaltlich wiedergegeben wird, was der andere gesagt hat.

Einfache Worte und Sätze, wie sie oben beschrieben wurden, das Paraphrasieren und das aktive Zuhören haben eine sogenannte „Türöffnerfunktion". Alle drei Formen ermutigen die andere Person zum Weitersprechen, wobei das aktive Zuhören in seiner Wirkung am intensivsten ist. Türöff-

[11] Vgl. Th. Gordon, 1990, S. 59.

ner geben dem anderen das Gefühl, daß das, was er zu sagen hat, wichtig ist und ernst genommen wird.

Übungsgespräch zwischen einer Erzieherin und einer Mutter

Auf Seite 49 wurde modellhaft eine Gesprächssituation dargestellt, in der eine Mutter zu einem Gesprächstermin kommt, um mit der Erzieherin über ihren Sohn zu sprechen. In der Auswertung wurde besprochen, warum dieses Gespräch für die Mutter nicht weiterführend und hilfreich war. Die beschriebene Situation soll nun nochmals aufgegriffen werden, mit dem Unterschied, daß die äußeren Umstände günstiger sind und die Erzieherin „aktives Zuhören" anwendet.

Es klopft. Frau S. kommt etwas zögernd herein. Die Erzieherin steht auf und bietet der Mutter einen Platz an.

Erzieherin: Ich habe einen Kaffee gekocht. Haben Sie auch Lust, eine Tasse zu trinken?
Mutter: Nein danke, im Augenblick lieber nicht.
Erzieherin nimmt ebenfalls Platz.
Erzieherin: Sie wollten gerne einmal in Ruhe mit mir sprechen und haben gestern ja schon angedeutet, daß es um Thomas geht.
Mutter: Thomas hat sich in der letzten Zeit so verändert, seit das Baby auf der Welt ist. Er ist so aggressiv, und man muß Angst haben, ihn mit Oliver allein zu lassen.
Erzieherin: Sie sind im Augenblick ratlos, was mit Thomas los ist. (Aktives Zuhören)
Mutter: Ja, ich denke, daß er sich wegen seines kleinen Bruders zurückgesetzt fühlt und deshalb so aggressiv ist.
Erzieherin: Sie meinen, daß Thomas sich zurückgesetzt fühlt und deshalb so aggressiv ist. (Paraphrasieren)
Mutter: Ja genau. Ich kümmere mich schon, so oft es nur geht, um ihn, aber das Baby fordert auch seine Rechte.
Erzieherin: Das klingt so, als würden Sie sich zwischen beiden Kindern hin und her gezogen fühlen. (Aktives Zuhören)

Mutter: Ja genau. Ich habe das Gefühl, beide zerren an mir. Das Baby schläft nachts auch noch nicht durch. Ich muß jede Nacht mehrmals aufstehen.

Erzieherin: Sie sind sehr erschöpft und haben manchmal das Gefühl, am Ende Ihrer Kraft zu sein. (Aktives Zuhören)

Mutter: Ja, und wenn mein Mann merkt, wie schlecht es mir manchmal geht, schimpft er und sagt, ich müsse strenger mit Thomas sein. Dann gibt es auch noch Streit mit meinem Mann, weil ich denke, daß mit Strenge nichts getan ist.

Erzieherin: Manchmal gibt es auch Streit mit Ihrem Mann, weil Sie unterschiedlicher Meinung sind. (Paraphrasieren)

Mutter: Ich frage mich manchmal, ob es nur in unserer Familie so schlimm ist. Es kommt mir so vor, als würde ich im Moment alles falsch machen.

Erzieherin: Sie sind im Moment sehr fertig. Ich weiß von anderen Familien, daß es dort ähnliche Probleme gibt. Die Geburt eines Kindes bedeutet immer eine große Umstellung, und es dauert seine Zeit, bis in der Familie wieder ein neues Gleichgewicht hergestellt ist. (Aktives Zuhören und Sachinformation)

Mutter: Wie verhält Thomas sich denn im Kindergarten?

Erzieherin: Im Kindergarten konnten wir keine Veränderungen in seinem Verhalten feststellen. Er ist fröhlich und aufgeschlossen wie immer. (Sachinformation)

Mutter: Das ist jetzt eine große Beruhigung für mich. Ich hatte schon Angst, er könnte auch im Kindergarten auffällig werden.

Erzieherin: Nein, da kann ich Sie voll und ganz beruhigen.

Mutter: Und Sie meinen wirklich, daß unsere familiäre Situation im Augenblick nichts Außergewöhnliches ist.

Erzieherin: Die Situation ist im Augenblick sehr kräftezehrend und anstrengend für Sie, aber es ist mit Sicherheit so, daß viele Frauen in Ihrer Lage so empfinden und sich Sorgen um die älteren Kinder machen. Wie gesagt, es braucht Zeit, bis die Familie sich an die neue Situation gewöhnt hat. (Sachinformation)

Mutter: Es hat gutgetan, mal mit Ihnen darüber zu reden. Wenn man immer allein darüber nachdenkt, kommen einem die Probleme manchmal vielleicht größer vor, als sie in Wirklichkeit sind.

Erzieherin: Ich freue mich, daß Ihnen unser Gespräch gutgetan hat. Wenn Sie wollen, können wir jederzeit noch einen Termin ausmachen.

Mutter: Vielen Dank, es geht mir jetzt schon viel besser.

Auswertung des Gesprächsverlaufs, Erläuterungen und Erklärungen

Im Unterschied zu der ersten Version des Gespräches ist die Mutter am Ende sehr erleichtert und geht zufrieden weg.

Die Erzieherin hat in diesem Gespräch häufig aktives Zuhören angewendet, und die Gefühle der Mutter versprachlicht.

Zu dem vorgetragenen Problem selbst äußert sie sich zunächst nicht, sondern gibt der Mutter durch das aktive Zuhören die Möglichkeit, ihre Schwierigkeiten zu beleuchten und auszusprechen. Die Mutter nimmt dieses Angebot gerne wahr und berichtet von ihren Sorgen, ihrem Gefühl der Überforderung, ihren Selbstzweifeln und ihren Schwierigkeiten mit ihrem Mann. Das Aussprechen erleichtert sie, sie redet sich ihren Kummer von der Seele. Während des Gesprächs stellt sich dadurch heraus, daß die Veränderung von Thomas zu Hause nur einen Teil ihres Problems darstellt. Dazu kommt, daß sie Zweifel an ihren Fähigkeiten als Mutter hegt und Angst hat, daß Thomas auch noch im Kindergarten auffällig werden könnte. Es sieht fast so aus, als wären ihre Selbstzweifel und ihre Angst um ein eventuelles Fehlverhalten von Thomas im Kindergarten mindestens ebenso wichtig für sie wie die Veränderungen, die sie zu Hause wahrgenommen hatte. Hätte die Erzieherin gleich einen Rat zu dem am Anfang vorgetragenen Problem gegeben, wären diese anderen Aspekte wahrscheinlich nicht mehr zur Sprache gekommen.

Am Ende des Gesprächs geht die Erzieherin sachlich auf die Frage der Mutter ein, ob es in anderen Familien auch so schlimm ist. Die Antwort der Erzieherin darauf hat im Zusammenhang dieses Gesprächs nicht die Qualität einer Vertröstung und oberflächlichen Beruhigung der Mutter – im Unterschied zur ersten Version, als die Erzieherin die Veränderung von Thomas nur als Phase bezeichnet hatte, ohne Näheres über die Gesamtsituation erfahren zu haben. Während sich die Mutter im ersten Beispiel „abgewimmelt“ fühlt, trägt die Äußerung der Erzieherin im zweiten Beispiel dazu bei, daß die Mutter ihr Bild über sich selbst und ihre Probleme in der Familie relativieren und unter einem anderen Blickwinkel sehen kann. Sie merkt nun selbst durch das Gespräch, daß sie möglicherweise ihre Probleme gravierender erlebt hat, als sie in Wirklichkeit sind.

Es ist wichtig, daß sie zu dieser Erkenntnis selbst gekommen ist und nicht den Eindruck hat, daß ihr von außen etwas „übergestülpt“ wird, mit dem sie sich doch nicht identifizieren kann. Durch das aktive Zuhören ist es der Mutter gelungen, ihre Probleme in einem anderen Licht zu sehen und zu neuen Bewertungen zu kommen. Sie fühlt sich von der Erzieherin verstanden und akzeptiert und geht erleichtert weg. Die Erzieherin hat in diesem Gespräch die Mutter ein Stück weit auf dem Weg ihrer eigenen Problemlösung begleitet und sich dabei ganz auf sie eingestellt. Sie hat der Mutter die Führung überlassen und hat ihr damit die Möglichkeit eröffnet, ihren eigenen Weg zu finden. Zwischen Erzieherin und Mutter ist eine herzliche und vertrauensvolle Beziehung in dem Gespräch entstanden.

5.2 Die Wirkung von aktivem Zuhören auf den Ratsuchenden

Die Wirkung von aktivem Zuhören ist an Hand des vorher besprochenen Beispiels deutlich geworden und soll jetzt noch einmal verallgemeinert und ergänzt werden.

- Aktives Zuhören hat eine wichtige „Türöffnerfunktion“. Der Berater macht dem Ratsuchenden die Tür für ein weiterführendes Gespräch auf, er lädt ihn gleichsam ein, mehr über sich zu sagen.
- Aktives Zuhören gibt dem anderen das Gefühl, verstanden und angenommen zu sein. Dies ist die wichtigste Voraussetzung dafür, daß ein Mensch sich öffnen und über seine Probleme reden kann.

- Aktives Zuhören hilft dem anderen, sein Problem selbst besser zu verstehen, indem er Gelegenheit hat, ausführlich darüber zu sprechen.
- Aktives Zuhören hilft, die eigenen Gefühle besser zu verstehen und anzunehmen. Dies ist besonders wichtig bei Gefühlen, die in der Gesellschaft weniger akzeptiert werden. Zum Beispiel gehört es nicht unbedingt zum Bild einer guten Mutter, daß sie auch mal Phasen hat, in denen sie ihren eigenen Kindern eher ablehnend gegenübersteht und am liebsten alles stehen und liegen lassen würde. Es ist wichtig, daß der Ratsuchende alle Gefühle aussprechen kann, ohne dabei ein schlechtes Gewissen zu haben oder sich zu schämen. Aktives Zuhören hat unter diesem Aspekt eine reinigende Wirkung und befreit den Ratsuchenden von belastenden Empfindungen und Gefühlen.
- Aktives Zuhören fördert eine gute Beziehung zwischen dem Ratsuchenden und dem Berater. Ratsuchende hören selbst mit größerer Bereitwilligkeit zu, wenn sie das Gefühl haben, verstanden und nicht kritisiert zu werden. Kritik in einem Beratungsgespräch führt dazu, daß der andere sich zurückzieht, um sich selbst zu schützen.
- Aktives Zuhören hilft, das Problem näher einzugrenzen. Manchmal kann sich auch herausstellen, daß das anfangs vorgetragene Problem überhaupt nicht das wesentliche Problem ist. Der Ratsuchende tastet sich sozusagen an den eigentlichen Kern der Sache heran. Manchmal ist sich der Ratsuchende seines eigentlichen Problems noch nicht bewußt und erfährt durch das aktive Zuhören eine wichtige Unterstützung, an den Kern des Problems heranzukommen.

  Manchmal will der Ratsuchende aber auch testen, wie weit er sich seinem Gesprächspartner anvertrauen kann. Er beginnt deshalb möglicherweise erst mal mit einem unverfänglichen Thema und kommt erst allmählich zum Kern der Sache, wenn er sich sicher sein kann, daß er dem Berater auch trauen kann.
- Aktives Zuhören hilft, Mißverständnisse aus dem Weg zu räumen. Manchmal kann es vorkommen, daß der Berater die Selbstoffenbarungsseite des Ratsuchenden nicht rich-

tig versteht. Durch aktives Zuhören kann er seine Vermutungen überprüfen, indem der Ratsuchende die Vermutung richtigstellt.

Beispiel: Die Mutter sagt: „Markus ißt in letzter Zeit so schlecht." Erzieherin: „Sie machen sich deshalb Sorgen." Mutter: „Nein, ich bin ärgerlich, weil ich immer vergeblich koche."

- Aktives Zuhören hilft dem Ratsuchenden, über sein Problem nachzudenken und selbst zu einer Lösung zu kommen.

5.3 Voraussetzungen für die Anwendung von aktivem Zuhören

Einfühlungsvermögen ist die wichtigste Voraussetzung, die wir mitbringen müssen, wenn wir mit einem anderen Menschen ein hilfreiches Gespräch führen wollen.

Wir müssen uns in die Gefühlswelt eines anderen Menschen hineinversetzen können und verstehen wollen, wie der andere empfindet, und was wirklich in ihm vorgeht.

Aktives Zuhören ist Ausdruck einer respektvollen, akzeptierenden Haltung einem anderen Menschen gegenüber. In diesem Sinn ist aktives Zuhören auch viel mehr als nur eine Methode, um möglichst effektiv ein Gespräch zu führen.

Aktives Zuhören darf niemals mißbraucht werden, um einen anderen Menschen auszuhorchen und ihn später vielleicht sogar bloßzustellen. Die Anwendung von aktivem Zuhören erfordert ein hohes Maß an eigener Ehrlichkeit und Aufrichtigkeit. Wir müssen wirkliches Interesse an dem Ratsuchenden haben und ihm ein Stück weiterhelfen wollen, indem wir zuhören und mit eigenen Lösungen und Ratschlägen zurückhaltend sind. Wir müssen es aushalten können, daß der Ratsuchende sein Problem auf seine Art und in seinem Tempo löst und möglicherweise auch ganz anders, als wir selbst das Problem lösen würden. Der Berater kann trennen zwischen seiner eigenen Person und der Person des Ratsuchenden.

„Es ist hilfreich, wenn wir uns bewußtmachen, daß wir durch unser nicht wertendes Hören den anderen befähigen, sich selbst mehr zu verstehen und seine seelische Erlebniswelt zu ändern. Es nützt zumeist nichts, wenn wir uns seine Schwierigkeiten zu eigen machen und uns verantwortlich für ihn fühlen. Es ist wichtig, daß wir akzeptieren, daß er der Mittelpunkt seines Erlebens ist und daß nur er sein Erleben ändern und klären kann.“[12]

Es ist notwendig, vorsichtig mit Ratschlägen umzugehen und sich bewußt zu sein, daß das, was für den einen richtig ist, für einen anderen Menschen nicht auch richtig zu sein braucht.

In diesem Zusammenhang gibt es folgendes persisches Märchen:

Ein Schuster kommt zum Arzt und sagt, daß er bald sterben werde. Als der Arzt ihn untersucht hat, bestätigt er dies und fragt seinen Patienten, ob er noch irgend etwas für ihn tun könnte. Der Schuster wünscht sich Bohnen mit Essigsauce. Der Arzt kocht ihm das Gericht, und der Patient wird wieder gesund. Nach ein paar Wochen kommt ein Schneider. Auch er sagt, daß er bald sterben werde. Der Arzt bestätigt ihm seine Befürchtungen und erzählt ihm von dem Schuster, der kurz vor seinem Tod noch einmal Bohnen mit Essigsauce gegessen hatte und nun gesund geworden sei. Er könne dies ja auch einmal probieren. Der Schneider ißt nun ebenfalls Bohnen mit Essigsauce. Er aber stirbt. Der Arzt vermerkt nun in seinem Buch: „Was für einen Schuster richtig ist, ist für einen Schneider noch lange nicht richtig.“

Weiterhin ist es wichtig, auch Gefühle zulassen zu können, die in der Gesellschaft weniger akzeptiert werden. Alle Gefühle sind erlaubt. Nur dadurch wird es möglich, mit ihnen umzugehen.

Ferner ist es von Wichtigkeit, die eigenen Wertvorstellungen und Haltungen nicht zum Maßstab für den Ratsuchenden zu machen. Wenn zum Beispiel eine Erzieherin es grundsätzlich nicht akzeptabel findet, daß eine Mutter arbeitet und die Kinder von einer Kinderfrau versorgen läßt, kann sie nicht erwarten, daß die Mutter ihre Einstellung teilt und dieselben Maßstäbe anlegt.

[12] R. Tausch/A. Tausch, 1990, S. 209.

In der Beraterrolle vertrauen wir darauf, daß der andere in der Lage ist, sein Problem selbst zu lösen. Die Aufgabe besteht darin, den Ratsuchenden zu begleiten, indem wir ihm durch aktives Zuhören helfen, sich zu öffnen, die Probleme zu durchdenken und die eigenen Gefühle dazu kennenzulernen.

Eine Teilnehmerin hat einmal in einem unserer Kurse ihre Erfahrungen mit aktivem Zuhören so beschrieben: „Ich kam mir in der Rolle des Beraters wie ein Geburtshelfer vor. Ich hatte das Gefühl, ich hätte der Mutter mit Hilfe des aktiven Zuhörens dabei geholfen, ihr Problem selbst zu lösen. Ich war dabei, und ich habe sie begleitet, gelöst hat sie ihr Problem jedoch selbst."

Solche Erfahrungen machen Mut und erfüllen den Berater mit tiefer Befriedigung.

Es ist notwendig, dem Ratsuchenden Zeit zu lassen, in seinem eigenen Tempo zu einer eigenen Problemlösung zu kommen. Dies stellt die Geduld oftmals auf eine harte Probe, besonders dann, wenn man die Lösung schon selbst längst zu sehen meint. Aber es ist wichtig, daß der Ratsuchende selbst zu seiner Erkenntnis kommt, die ihm hilft, sein Problem zu lösen.

5.4 Erfahrungen und Schwierigkeiten bei der Anwendung von aktivem Zuhören

Wenn wir in den Kursen aktives Zuhören in Rollenspielen einüben, wird immer wieder deutlich, daß sich die Teilnehmerinnen in der Rolle des Ratsuchenden sehr wohl fühlen und zur Ruhe kommen.

Die Teilnehmerinnen in der Beraterrolle fühlen sich besonders am Anfang sehr unbehaglich dabei. Manche sagen, sie fühlen sich wie auf heißen Kohlen und haben das Gefühl, ständig auf der Stelle zu treten. Phasenweise sieht es so aus, als würde das Gespräch keinen Fortgang nehmen. Den meisten fällt es am Anfang schwer, sich zurückzuhalten und nicht gleich mit fertigen Lösungen und Ratschlägen zu reagieren.

Die Teilnehmerinnen in der Rolle des Ratsuchenden

empfinden dies nicht so. Sie geben Rückmeldung darüber, wie sehr sie sich durch das aktive Zuhören verstanden gefühlt haben und wie hilfreich es war, Zeit zu haben, selbst über ihr Problem nachzudenken.

Gleichzeitig wird die ruhige Gesprächsatmosphäre als angenehm empfunden.

Eine weitere Schwierigkeit besteht darin, sich mit Ratschlägen zurückzuhalten. Viele Erzieherinnen fühlen sich unter starkem Druck, der Erwartung des Gesprächspartners nach einem hilfreichen Rat zu entsprechen. In den Rollenspielen stellt sich aber immer wieder heraus, daß die Ratsuchenden überhaupt keinen Rat vermissen, sondern in vielen Fällen selber zu einer Lösung kommen.

Auch eine Schwierigkeit, die Erzieherinnen in Kursen immer wieder äußern, ist die Scheu, die Gefühle eines anderen so direkt anzusprechen. Viele haben Angst, dem anderen zu nahe zu kommen und indiskret zu sein.

Viele von uns haben es nicht gelernt, über Gefühle zu reden. Deshalb ist diese Form des Gesprächs zunächst sehr ungewohnt, und es besteht verständlicherweise zunächst eine Abwehr dagegen, andere direkt auf ihre Gefühle anzusprechen. Die Teilnehmerinnen in der Rolle der Ratsuchenden empfinden aktives Zuhören jedoch selten als distanzlos, sondern eher als hilfreich und weiterführend.

Es kann jedoch auch vorkommen, daß der andere wirklich nicht so direkt auf seine Gefühle angesprochen werden will, weil er noch nicht genug Vertrauen gefaßt hat. In diesem Fall kann es sinnvoll sein, auf das Paraphrasieren zurückzugreifen und den Ratsuchenden auf diese Weise zum Weitersprechen zu ermutigen.

Erzieherinnen, die in Kursen aktives Zuhören zum ersten Mal kennenlernen, sagen oft, daß ihnen diese Form zu sprechen irgendwie aufgesetzt vorkommt. „So redet man normalerweise nicht!"

Aktives Zuhören ist zunächst eine sehr ungewohnte Art, auf einen anderen Menschen einzugehen, und es ist sicher auch nicht angebracht, in jeder Situation und dauernd aktives Zuhören anzuwenden. Am Anfang reicht es, einfach verstärkt auf die Gefühle der anderen zu achten und hin und wieder aktives Zuhören anzuwenden. In der Regel merken die anderen nur, daß sie sich im Gespräch wohl fühlen, aber können nicht so genau sagen, was die Verändesrung bewirkt hat. Im Laufe der Zeit wird diese Art zu sprechen normaler und gewohnter, und die anfänglichen Hemmungen verlieren sich.

Eine weitere Anfangsschwierigkeit besteht darin, daß den Teilnehmerinnen in der Rolle des Beraters nicht gleich das passende Gefühl einfällt, welches die Selbstoffenbarungsseite des anderen richtig spiegelt. Dies ist darauf zurückzuführen, daß im allgemeinen wenig über Gefühle gesprochen wird und deshalb das Benennen der Gefühle schwerfällt. Das Benennen der Gefühle ist jedoch auch eine Frage der Übung und wird von Mal zu Mal einfacher.

Manchmal können in Gesprächen Pausen entstehen, weil wir in der Rolle der Beraterin im Augenblick nicht mehr weiterwissen. Die Teilnehmerinnen fühlen sich dabei sehr unbehaglich und unter dem Druck, möglichst bald wieder etwas zu sagen.

Pausen in Gesprächen entstehen nicht nur im Rollenspiel, sondern auch in realen Gesprächssituationen. Für den Anfänger ist es fast immer sehr schwer, Pausen auszuhalten. Viele überlegen fieberhaft, wie die entstandene Lücke zu füllen ist. Andere reden aus Unsicherheit irgend etwas, um die entstandene Stille auszufüllen. In Wirklichkeit ist es aber so, daß Pausen keineswegs belastend sein müssen, sondern konstruktiv zum Nachdenken genutzt werden können. Es ist hilfreich, die Pause zu kommentieren: „Im Augenblick muß ich mir überlegen, was Sie gerade gesagt haben." Wir gewinnen damit Zeit, und der Ratsuchende fühlt sich ernst genommen und wird eine Pause zum Nachdenken gerne akzeptieren. Auch er hat ja nun die Gelegenheit, weiter nachzudenken. Dies entlastet wiederum uns, weil wir uns nun nicht mehr im Zugzwang fühlen müssen. Ein Weiterreden aus Unsicherheit ist nicht förderlich und blockiert unter Umständen die weitere Kommunikation.

„Muß man denn in einem Beratungsgespräch immer nur aktives Zuhören anwenden, und ist es falsch, einen Rat zu geben?" Diese Frage wird immer wieder von den Erzieherinnen in Kursen gestellt.

Die Gesprächspsychotherapie beruht ausschließlich darauf, daß der Therapeut die Gefühle des Klienten versprachlicht. Im Unterschied dazu werden im Kindergarten keine therapeutischen Gespräche geführt. Erzieherinnen sind keine Therapeutinnen, auch wenn die Erwartungen der Eltern manchmal über das hinausgehen, was von der Person der Erzieherin geleistet werden kann. Aus diesem Grund ist es im Kindergarten sinnvoll, mit denen, die Rat suchen, auch konkrete Möglichkeiten der Problemlösung zu besprechen. Auch Ratschläge können sehr hilfreich sein, wenn vorher genügend Raum und Zeit war, das Problem ausführlich zu besprechen. Aktives Zuhören ist dafür ein unverzichtbares Hilfsmittel.

Die Grenzen der Beratungstätigkeit im Kindergarten werden ebenfalls immer wieder angesprochen. Wie eben schon erwähnt, sind Erzieherinnen keine Therapeutinnen. Es ist wichtig, hier klare Grenzen zu ziehen. Wenn sich herausstellt, daß eine Problemlösung nicht mit den dem Kindergarten zur Verfügung stehenden Möglichkeiten erreicht werden kann, ist es unbedingt notwendig, an andere Stellen weiterzuverweisen oder sich von dort Hilfe zu holen.

Aktives Zuhören verlangt viel Geduld beim Berater und ein großes Vertrauen in die eigenen Kräfte des Ratsuchenden. Er ist der Begleiter auf dem Weg der Problemlösung, nicht aber der Problemlöser selbst.

Zum Abschluß dieser Ausführungen möchte ich einen kurzen Ausschnitt aus Michael Endes Buch „Momo" zitieren. Der Autor beschreibt darin die Fähigkeit Momos, zuzuhören, und die Wirkung ihres Zuhörens auf andere Menschen folgendermaßen:

„Sie konnte so zuhören, daß ratlose oder unentschlossene Leute auf einmal ganz genau wußten, was sie wollten. Oder daß Schüchterne sich plötzlich frei und mutig fühlten. Oder daß Unglückliche oder Bedrückte zuversichtlich und froh wurden. Und wenn jemand meinte, sein Leben sei ganz verfehlt und bedeutungslos und er selbst nur einer unter Millionen, einer, auf den es überhaupt nicht ankommt und der ebenso schnell ersetzt werden kann wie ein kaputter Topf – und er ging hin und erzählte alles das der kleinen Momo, dann wurde ihm, noch während er redete, auf geheimnisvolle Weise klar, daß er sich gründlich irrte, daß es ihn, genauso wie er war, unter allen Menschen nur ein einziges Mal gab, und daß er deshalb auf seine besondere Weise für die Welt wichtig war. So konnte Momo zuhören!"[13]

Wichtig ist, den anderen Menschen im Gespräch zu begleiten, ihm mit aller Aufmerksamkeit zuzuhören und ihm zu helfen, seine eigenen Kräfte und Möglichkeiten zu entfalten. Das aktive Zuhören ist dabei eine große Hilfe, weil der Ratsuchende mit Hilfe des aktiven Zuhörens selber an seinem Problem in seinem Tempo und mit seinen Möglichkeiten arbeiten kann, ohne daß ihm etwas von außen übergestülpt wird. Alle noch so gut gemeinten Ratschläge können nichts nützen, wenn der Ratsuchende die Ratschläge nicht mit seiner Person in Verbindung bringen kann.

5.5 Bitte geben Sie mir einen Rat / der hilfreiche Umgang mit den Problemen anderer

Es sollen nun zwei Gespräche dargestellt werden, um die Anwendungsmöglichkeiten von aktivem Zuhören und seine Wirkung im Gespräch zu verdeutlichen.

Gesprächsbeispiel 1

Die dem folgenden Gespräch zugrunde liegende Situation wurde von einer Erzieherin im Kurs eingebracht, in der Kleingruppe besprochen und anschließend im Rollenspiel ein Gespräch entwickelt, das an dieser Stelle dargestellt werden soll:

[13] M. Ende, Momo, 1973, S. 16.

Die Mutter hat um einen Gesprächstermin gebeten und dabei angedeutet, daß es sich um die Einschulung ihrer Tochter handelt. Stefanie ist ein Kann-Kind.

Mutter: Ja, ich wollte heute mal mit Ihnen darüber sprechen, ob Stefanie in die Schule gehen soll oder nicht.

Erzieherin: Sie machen sich Gedanken, ob jetzt der richtige Zeitpunkt für die Einschulung gekommen ist. (Aktives Zuhören)

Mutter: Ja, Stefanie ist so groß für ihr Alter. Andererseits ist sie aber noch so verspielt. Überall, wo sie hinkommt, fällt sie wegen ihrer Größe auf.

Erzieherin: Die körperliche Größe von Stefanie macht Ihnen Sorgen, weil Sie den Eindruck haben, daß Stefanie überall auffällt. (Aktives Zuhören)

Mutter: Ja, im Verwandten- und Bekanntenkreis heißt es immer: „Die ist aber groß. Das wird mal ein langes Laster!"

Erzieherin: Sie leiden darunter, daß die Leute so über Stefanie reden. (Aktives Zuhören)

Mutter sehr leise: Ja, mir ist es auch früher so gegangen, ich habe mich immer deswegen geschämt und deshalb versucht, mich kleiner zu machen, indem ich den Rücken nach vorne gebeugt habe.

Erzieherin: Wenn Sie Stefanie heute erleben, fühlen Sie Ihren eigenen Kummer, den Sie selbst als Kind hatten. (Aktives Zuhören)

Mutter: Ja, so ist es. Ich möchte Stefanie so gerne beschützen, aber es geht nicht. Die Leute sind so gedankenlos.

Erzieherin: Sie sind traurig, weil Sie Stefanie vor dem Gerede der Leute nicht schützen können. (Aktives Zuhören)

Mutter: Ja, so ist es. Und wenn ich jetzt an die Schule denke und mir vorstelle, daß Stefanie, wenn sie erst im nächsten Jahr zur Schule geht, noch ein Stück größer ist als die anderen Erstkläßler, dann wird mir angst und bang.

Erzieherin: Der Schulbesuch von Stefanie macht Ihnen richtig angst. (Aktives Zuhören).

Mutter: Ja, ich bin in der Schule auch immer gehänselt worden von den anderen Mitschülern. Die Lehrer haben mich immer ganz hinten hingesetzt, weil keiner über mich drüber schauen konnte. „Du langes Elend mußt hinten sitzen!“

Erzieherin: Das hat Ihnen sehr weh getan. (Aktives Zuhören)

Mutter: Ja, es war für mich sehr schlimm, und ich möchte alles tun, um Stefanie vor solchen Situationen zu bewahren.

Erzieherin: Sie befürchten, daß Stefanie genauso empfindet, wie Sie selbst als Kind empfunden haben. (Aktives Zuhören).

Mutter: Ja, ich denke schon.

Erzieherin: Haben Sie schon einmal mit Stefanie darüber gesprochen? (Sachfrage)

Mutter: Nein, bisher noch nicht. Ich hatte bisher Angst, das Thema anzusprechen. Ich versuche immer Stefanie abzulenken, wenn die Leute über sie sprechen. Aber das ist vielleicht ein Fehler. Meine Eltern haben auch nie mit mir gesprochen, sie haben mich sogar selbst als langes Laster bezeichnet.

Erzieherin: Das klingt so, als hätten Sie sich als Kind mit Ihrem Problem ziemlich allein gelassen gefühlt. (Aktives Zuhören)

Mutter: Das stimmt, mit meinen Eltern konnte ich nicht darüber reden.

Erzieherin: Es war für Sie als Kind sehr schmerzlich, weil Sie alles mit sich allein abmachen mußten und von den Eltern wenig Unterstützung erfahren haben. (Aktives Zuhören)

Mutter: Ich denke, es wird gut sein, einmal mit Stefanie darüber zu sprechen, statt wie die Katze um den heißen Brei herumzugehen.

Erzieherin: Sie sind jetzt auf einen Gedanken gekommen, der mir sehr wichtig zu sein scheint. Vielleicht ist es ja auch so, daß Stefanie das Problem überhaupt nicht so erlebt, wie Sie es als Kind erlebt haben. Stefanie ist ein eigener Mensch und hat die Kraft, sich mit ihren Problemen auseinanderzusetzen.

Mutter: Gut, ich werde bei passender Gelegenheit mit Stefanie reden.

Erzieherin: Ich würde mich freuen, wenn Sie mir berichten würden, wie das Gespräch verlaufen ist. Vielleicht können wir sie vom Kindergarten her dann auch noch unterstützen. Wenn es Ihnen recht ist, können wir dann auch noch mal darüber sprechen, wann Stefanie eingeschult werden soll. Es ist ja noch genügend Zeit, eine Entscheidung zu treffen.

Mutter: Ja gut, ich halte Sie auf dem laufenden. Ich bin froh, daß ich mit Ihnen geredet habe.

Auswertung des Gesprächsverlaufs, Erläuterungen und Erklärungen

Die Mutter kommt zu dem Gespräch ursprünglich in der Absicht, über die Einschulung von Stefanie zu sprechen, und es hat den Anschein, als wünschte sie sich einen Rat von der Erzieherin. Ziemlich rasch stellt sich jedoch heraus, daß die Frage der Einschulung nicht das eigentliche Problem der Mutter ist. Durch das aktive Zuhören gibt die Erzieherin der Mutter die Möglichkeit, über ihre eigenen Erinnerungen und über ihren eigenen Kummer als Kind zu sprechen. Dies hilft ihr, zu dem Entschluß zu kommen, sich selbst als Mutter anders zu verhalten, als sie es bei ihren eigenen Eltern erlebt hat. Sie entscheidet sich, mit ihrer Tochter zu reden und diese nicht mehr nur abzulenken.

Viele Eltern erleben ihre Kindheit wieder neu, wenn sie bei ihren eigenen Kindern Parallelen zu ihrer eigenen Kindheit sehen. Manchmal können sie dann nicht mehr trennen zwischen ihrem eigenen Erleben als Kind und dem tatsächlichen Erleben ihrer Kinder. Sie verschmelzen gleichsam mit den Kindern. Dies kann sehr problematisch sein, weil Eltern auf diese Weise Gefahr laufen, ihren Kindern die Probleme erst zu schaffen, obwohl die Kinder die Probleme möglicherweise überhaupt nicht haben oder besser damit umgehen können, weil die Bedingungen anders sind als in der Kindheit der Eltern.

In unserem Beispiel ist es der Erzieherin durch aktives Zuhören gelungen, die Mutter so weit zu begleiten, daß diese selbst wahrzunehmen beginnt, daß Stefanie unter Umständen ganz anders empfindet, als sie selbst als Kind empfunden hat. Außerdem ist die Mutter auf den Gedanken gekommen, daß sie ihre Tochter, falls diese das Problem wirklich hat, unterstützen kann, indem sie zu ihr steht und ihr durch die Schwierigkeiten hindurchhilft. Es ist für sie beruhigend zu wissen, daß Stefanie nicht so allein dasteht, wie sie selbst als Kind allein dagestanden hat.

Gesprächsbeispiel 2

Auch die dem folgenden Gespräch zugrunde liegende Problematik ist von einer Erzieherin im Kurs eingebracht worden. In der Kleingruppe wurde ebenfalls darüber gesprochen und anschließend im Rollenspiel erprobt, wie aktives Zuhören in diesem Fall eingesetzt werden kann.

Die Familie ist neu in die Gemeinde gezogen, und das Kind besucht seit etwa vier Wochen den Kindergarten. Eines Tages findet folgendes Gespräch zwischen Erzieherin und Mutter statt.

Mutter: Irgendwie ist der Anfang hier für mich sehr schwer. Mein Mann wurde von seiner Firma hierher versetzt, und so mußten wir aus unsrem Heimatort wegziehen.

Erzieherin: Die Umstellung fällt Ihnen sehr schwer. (Aktives Zuhören)

Mutter: Ja, ich denke jeden Tag an zu Hause und vermisse unsere Freunde und Bekannten sehr. Hier finden wir keinen Kontakt. Die Leute wollen scheinbar unter sich bleiben.

Erzieherin: Sie fühlen sich im Augenblick noch sehr allein und fragen sich, ob Sie hier jemals Freunde finden werden. (Aktives Zuhören)

Mutter: Ja, und ich vermisse auch die Landschaft, die wir im Norden haben. Am Wochenende sind wir oft an die Nordsee gefahren. Ein Spaziergang am Meer hat mir immer so gutgetan.

Erzieherin: Sie vermissen nicht nur Ihre Freunde und Bekannten, Sie vermissen auch die Landschaft und das Meer. (Paraphrasieren)

Mutter: Ja, ich glaube, ich werde hier nie heimisch werden. Dazu kommt, daß ich anders spreche und das Gefühl habe, nicht hierher zu gehören.

Erzieherin: Die unterschiedliche Sprache kommt Ihnen auch wie eine Barriere vor.

Mutter: Gott sei Dank hat sich Peter ja gut im Kindergarten eingelebt.

Erzieherin: Ja, den Eindruck habe ich auch. Er hat schon eini-

	ge Freunde bei uns gefunden. Ich habe auch das Gefühl, daß er sich hier wohl fühlt.
Mutter:	Das ist wenigstens ein Lichtblick. Vielleicht lerne ich über Peter ja mal jemanden kennen.
Erzieherin:	Das wünsche ich Ihnen sehr. Wir haben im Kindergarten regelmäßige Elternabende, wo auch die Möglichkeit besteht, neue Kontakte zu knüpfen.
Mutter:	Ja, vielleicht wird es mit der Zeit besser, und ich komme mehr mit meiner Situation zurecht.

Auswertung des Gesprächsverlaufs, Erläuterungen und Erklärungen

Auch bei diesem Gespräch hat es den Anschein, als erwarte die Mutter von der Erzieherin Rat und Hilfe, wie sie sich möglicherweise besser in ihre neue Lebenssituation hineinfinden könnte.

Die Mutter fühlt sich am Ende des Gesprächs offenbar erleichtert. Sie hat sich ihre Frustration und ihren Kummer von der Seele reden können. Die Erzieherin hat akzeptiert, daß sie das Problem nicht für die Mutter lösen kann. Sie verzichtet auf Ratschläge, spielt das Problem nicht herunter, verteidigt nicht die Leute in der Gemeinde, sie macht der Mutter auch keine Vorhaltungen oder sucht irgendwo die Ursachen für die Isolation der Mutter. Sie wendet in diesem Gespräch aktives Zuhören an, läßt die Gefühle der Mutter gelten und hilft ihr damit, ein Stückchen Abstand zu bekommen und langsam auch wieder positivere Seiten zu sehen. Es kommt erstaunlich oft vor, daß Menschen, die die Gelegenheit hatten, über ihre bedrückenden Gefühle zu reden, von selbst anfangen zu relativieren und auch wieder die Lichtblicke wahrzunehmen.

5.6 Verschiedene Übungen zum aktiven Zuhören

Im folgenden Teil des Buches sollen verschiedene Übungen dargestellt werden, die sich als günstig erwiesen haben, um Erzieherinnen in unseren Kursen schrittweise ins aktive Zuhören einzuführen. Die einzelnen Übungen bauen aufeinander auf und haben sich als hilfreich erwiesen, erste Erfahrungen mit aktivem Zuhören zu sammeln und diese neue Form des Gesprächsverhaltens zu erproben und einzuüben.

Übung 1
Unterschiedliche Beraterreaktionen

Ziel der folgenden Übung ist es, sich bewußtzumachen, wie viele verschiedenen Möglichkeiten es gibt, auf das Problem eines Ratsuchenden zu reagieren, und die Auswirkungen der verschiedenen Reaktionen zu untersuchen.

Bei der folgenden Übung werden verschiedene Gesprächssituationen dargestellt. Stellen Sie sich bitte vor, daß alle Reaktionen in der Anfangssituation eines Gesprächs erfolgen, ohne daß die Erzieherin schon den genauen Sachverhalt kennt.

Aufgabenstellung: Bitte überlegen Sie beim Lesen der verschiedenen Fallbeispiele, wie die verschiedenen Reaktionen der Erzieherin zu bewerten sind. Bei welchen Reaktionen wendet die Erzieherin aktives Zuhören an und versprachlicht die Gefühle des Ratsuchenden?

Gesprächssituation 1: Die Mutter kommt zur Erzieherin und spricht folgendes Problem im Bezug auf ihr Kind an: „Erwin ist einfach unmöglich zu Hause. Er tyrannisiert seine Geschwister und mich auch. Am Essen nörgelt er ebenfalls herum, und woanders ist er das brävste Kind."

Mögliche Reaktionen:
a) Das ist sicher so eine Phase, die er gerade durchmacht.
b) Bei Ihren Familienverhältnissen ist das ja auch kein Wunder.
c) So schlimm kann es doch überhaupt nicht sein. Im Kindergarten ist er doch so verträglich.
d) Es tut mir leid, aber im Augenblick möchte ich mit Ihnen über etwas anderes reden.
e) Sie sind ratlos, was mit Erwin los ist.
f) Suchen Sie doch mal eine Erziehungsberatungsstelle auf.

Gesprächssituation 2: Die Mutter sagt zu der Erzieherin: „Jens will einfach nicht in den Kindergarten gehen. Jeden Morgen weint er, und alles Zureden nützt nichts.“ (Jens ist vier Jahre alt und geht seit 14 Tagen in den Kindergarten.)

Mögliche Reaktionen:
a) Machen Sie sich keine Sorgen. Wir kümmern uns schon um ihn.
b) Das ist normal, die Kinder brauchen immer eine gewisse Eingewöhnungszeit.
c) Sie machen sich Sorgen um Jens und sind ratlos, wie Sie ihm helfen können.
d) Haben Sie sich schon mal überlegt, ob er Sie an der Nase herumführen will.
e) Sie halten sich ja auch viel zu lang im Kindergarten auf. Dadurch fällt ihm die Trennung natürlich besonders schwer.

Gesprächssituation 3: Der Vater sagt zur Erzieherin: Meine Frau ist seit vierzehn Tagen im Krankenhaus und muß wahrscheinlich noch einige Zeit bleiben. Im Augenblick habe ich mir Urlaub genommen, und dann kommt meine Schwiegermutter, aber sie ist schon ziemlich alt. Und drei kleine Kinder versorgen... Die Kinder fragen auch dauernd nach ihrer Mutter.

Mögliche Reaktionen:
a) Sie machen sich Sorgen, wie es weitergehen soll, zumal auch Ihre Schwiegermutter schon ziemlich alt ist.
b) Machen Sie sich keine Sorgen, die Kinder werden es schon verkraften.
c) Das tut mir aber leid. Da haben Sie aber jetzt viel auf dem Hals.
d) Muß es denn unbedingt Ihre Schwiegermutter sein, wenn Sie jetzt schon meinen, daß sie zu alt ist.

Gesprächssituation 4: Die Mutter sagt zur Erzieherin: „Manchmal würde ich am liebsten davonlaufen: die Kinder, der tägliche Trott...

Mögliche Reaktionen:
a) Machen Sie sich doch mal einen freien Nachmittag!
b) So schlimm ist es doch auch wieder nicht. Thomas geht in den Kindergarten, Markus in die Schule, da ist dann doch nur noch das Baby. Thomas ist doch auch schon so vernünftig.
c) Sie haben im Augenblick alles so richtig satt.
d) Aber Ihre Kinder brauchen Sie doch!

Gesprächssituation 5: Die Praktikantin sagt zu ihrer Praxisanleiterin wütend: „Ich weiß gar nicht, warum ich hier sitze. Wenn ich etwas sage, dann zählt es ja doch nicht und wird nicht beachtet!"

Mögliche Reaktionen:

a) Sie sollten mittlerweile eigentlich gelernt haben, sich etwas angemessener zu verhalten.
b) Wenn Sie sich so benehmen, brauchen Sie sich über nichts zu wundern.
c) Sie haben das Gefühl, nicht ernst genommen zu werden, und ärgern sich darüber.
d) Sie sind schließlich hier, um etwas zu lernen. Meinen Sie nicht, daß wir als ältere und erfahrenere Erzieherinnen die Arbeit im Kindergarten besser einschätzen können?
e) So ein Ton, seien Sie froh, daß Sie so eine Praxisstelle gefunden haben. Wir sind alle bemüht, Sie richtig in die Kindergartenarbeit einzuführen. Man sollte erst mal aus der Erfahrung der älteren Erzieherinnen lernen, bevor man den Mund auftut.

Auswertung der verschiedenen Reaktionen

Die verschiedenen Reaktionen sollen nun im einzelnen besprochen und auf ihre Wirkung hin untersucht werden.

Zu Gesprächssituation 1:

a) Diese Äußerung zu Beginn eines Gesprächs ist verfrüht, weil die Erzieherin noch nicht genügend Informationen hat.
b) Diese Äußerung beinhaltet eine massive Abwertung der gesamten Familie und blockiert deshalb ein weiteres Gespräch.
c) Hier wird eine Bagatellisierung und Verharmlosung vorgenommen, die der Mutter das Gefühl gibt, nicht mit ihren Sorgen ernst genommen zu werden.
d) Die Erzieherin versucht, die Mutter von ihrem Problem abzulenken. Sie macht deutlich, daß sie im Augenblick nicht dazu bereit ist, das Problem zu besprechen. Das Gespräch ist daher schon von Anfang an blockiert.
e) Die Erzieherin wendet hier aktives Zuhören an und geht

auf die Gefühle der Mutter ein. Damit gibt sie der Mutter das Gefühl, ernst genommen und verstanden zu sein.

f) Dieser Rat ist zu Beginn eines Gespräches ohne Kenntnis des genauen Sachverhalts unangebracht, kann jedoch zu einem späteren Zeitpunkt sinnvoll sein.

Zu Gesprächssituation 2:

a) Die Erzieherin spielt das Problem herunter und versucht auf diese Art die Sorgen der Mutter zu zerstreuen. Ein weiteres Gespräch ist hier nicht mehr möglich.

b) Ähnliche Reaktion wie bei Reaktion a. Zu Anfang eines Gesprächs nicht angebracht, da die Mutter zu wenig Zeit hatte, über ihre Sorgen zu reden.

c) Hier wendet die Erzieherin aktives Zuhören an und öffnet damit der Mutter die Tür zum Weiterreden.

d) Diese Reaktion ist unangemessen, weil dadurch in den Augen der Mutter weder sie selbst noch das Kind mit seinem Problem ernst genommen wird. Dazu kommt, daß die Mutter in eine Verteidigungsrolle gedrängt wird, indem man ihr unterstellt, daß sie das Weinen von Jens hochspiele.

e) Hier bringt die Erzieherin einen Vorwurf herüber, indem sie die Mutter für das Weinen von Jens verantwortlich macht. Sie unterstellt gleichsam, daß die Trennungsprobleme des Kindes eigentlich die Trennungsprobleme der Mutter sind. Möglicherweise hat sie mit dieser Vermutung recht, in jedem Fall aber bedarf es eines vertrauensvollen Gesprächs, um die Mutter auf diesen Sachverhalt aufmerksam zu machen und ihr zu helfen, ihre eigenen Trennungsschwierigkeiten zu überwinden.

Zu Gesprächssituation 3:

a) Hier wendet die Erzieherin aktives Zuhören an. Der Vater hat nun die Möglichkeit, mehr über das sachliche Problem und seine eigenen Empfindungen und Gefühle zum Ausdruck zu bringen.

b) Hier wird eine unangemessene Bagatellisierung des Problems vorgenommen, indem die Erzieherin indirekt mitteilt, daß es ihrer Meinung nach überhaupt kein Problem gibt, über das gesprochen werden müßte.

c) Diese Aussage drückt Mitleid aus, führt aber nicht weiter. Möglicherweise fühlt der Vater sich noch schlechter als vorher, zumal auch der Ausdruck „etwas am Hals haben" eher negativ besetzt ist. Es klingt, als meine die Erzieherin, dem Vater seien die Probleme lästig, in Wirklichkeit bedrücken und bedrängen sie ihn aber sehr.
d) Dieser Satz kann möglicherweise vom Vater als Vorwurf erlebt werden, weil er keine andere Lösung gefunden hat, obwohl er weiß, daß die Schwiegermutter zu alt ist.

Zu Gesprächssituation 4:
a) Hier wird ein Ratschlag gegeben, der oberflächlich ist, auch wenn er gut gemeint war, weil die Erzieherin viel zuwenig über die Mutter und deren Situation weiß, als daß sie das Recht hätte, einen solchen Rat zu geben.
b) Hier wird eine Abwertung der Mutter vorgenommen, indem ihr das Recht auf ihre Gefühle abgesprochen wird, da sie ja in den Augen der Erzieherin überhaupt keinen Grund hat, so zu empfinden. Eine solche Äußerung kann als herabsetzend und demütigend erlebt werden und wird die Mutter möglicherweise noch mehr in ihrem momentanen Tief verstärken, obwohl die Erzieherin es wahrscheinlich gut gemeint hat.
c) Bei dieser Äußerung fühlt sich die Mutter verstanden und auch mit ihren im Moment wenig liebevollen Gefühlen gegenüber ihren Kindern akzeptiert. Dies wirkt immer entlastend und erschließt die Möglichkeit, auch wieder positive Gefühle zu entwickeln.
d) Die Mutter bekommt nun möglicherweise auch noch ein schlechtes Gewissen, weil ihr indirekt gesagt wird, daß sie eine Rabenmutter ist. Dies ist sehr verletzend, und die Mutter wird nach einer solchen Reaktion mit Sicherheit nicht mehr weiterreden.

Zu Gesprächssituation 5:
a) Die Anleiterin reagiert moralisierend und belehrend auf den Ausbruch der Praktikantin. Die Praktikantin wird sich durch diese Äußerung zurechtgewiesen und herabgesetzt fühlen, da weder auf ihr Gefühl eingegangen noch der Inhalt der Äußerung beachtet wird.

b) Die Anleiterin bedroht die Praktikantin, indem sie indirekt auf das Zeugnis verweist. Die Praktikantin fühlt sich dadurch klein gemacht, bedroht und in die Rolle der Abhängigen gedrängt.
c) Die Anleiterin gibt der Praktikantin durch das aktive Zuhören zu verstehen, daß sie den Ausbruch der Praktikantin ernst nimmt und wissen möchte, was der Grund für deren Ärger ist.
d) Sie wertet die Praktikantin auf Grund ihrer Unerfahrenheit ab und bringt ihr deshalb keinerlei Wertschätzung herüber, die ihr aber gerade auf Grund ihres noch wenig durch Gewohnheit verstellten Blickwinkels für die Arbeit im Kindergarten zustehen würde. Sie schließt in ihrer Äußerung aus, daß auch ältere, erfahrene Kolleginnen von den Praktikantinnen etwas lernen können.
e) Die Anleiterin macht der Praktikantin in dieser Äußerung schwere Vorwürfe für ihr Verhalten. Außerdem versucht sie, die Praktikantin ins Unrecht zu setzen mit dem Hinweis, daß alle sich so große Mühe mit ihr geben. Zum Schluß kommt dann noch eine kleine Moralpredigt, durch die die Praktikantin vollends mundtot gemacht wird.

Gesprächsblocker

An Hand der verschiedenen Reaktionen in den vorangestellten Beispielen werden einige Gesprächsblocker deutlich, die den weiteren Gesprächsverlauf erschweren und sich wenig förderlich auf das weitere Gespräch auswirken. Zu den Gesprächsblockern zählen folgende Gesprächsreaktionen:

- Ratschläge, die dem anderen eher das Gefühl geben, nicht verstanden zu sein und vielleicht sogar abgewimmelt zu werden. Ratschläge können dann angebracht sein, wenn das Problem nach allen Seiten beleuchtet und besprochen wurde, mit Sicherheit aber nicht zu Beginn eines Gesprächs.
- Bagatellisierungen und Verharmlosungen des Problems von seiten des Beraters, weil der Ratsuchende sich nicht

ernst genommen fühlt und ihm indirekt übermittelt wird, daß er mit seiner Einschätzung übertreibt.

- Abwertungen, weil sie den anderen klein machen, herabsetzen und demütigen.
- Ablenken von dem Problem des Ratsuchenden blockiert das Gespräch bereits im Vorfeld.
- Vorwürfe und Schuldzuweisungen machen den Ratsuchenden ebenfalls klein. Der Ratsuchende wird dadurch in eine Verteidigungsrolle hineingedrängt, was einer Problemlösung nicht förderlich ist.
- Moralpredigten halten ist ein ungeeignetes Kommunikationsmittel, weil dadurch dem Ratsuchenden das Recht abgesprochen wird, so zu empfinden, wie er empfindet, und sich so zu verhalten, wie er sich nun mal verhält oder verhalten hat.
- Einen anderen Menschen bemitleiden ist ebenfalls kein sinnvolles Mittel für ein hilfreiches Gespräch, weil der Gesprächspartner dadurch möglicherweise noch mehr niedergedrückt wird, ohne daß ihm die Möglichkeit gegeben wird, weiterführend über sein Problem nachzudenken.

Übung 2
Auf Empfindungen hören

Allen, die aktives Zuhören lernen wollen, fällt es am Anfang schwer, im Gespräch das hinter einer Aussage liegende Gefühl herauszuhören und zu benennen. Die folgende Übung soll dafür eine Hilfe sein.

Aufgabenstellung: Es werden verschiedene Äußerungen dargestellt, und Sie können versuchen, auf die Gefühle, die sich in diesen Aussagen verbergen, zu hören und sie zu benennen. Dabei kann es vorkommen, daß sich bei manchen Sätzen die Bedeutung ändert, je nachdem, welche Betonung Sie in die Sätze hineinlegen. Denn wie schon öfters bisher angesprochen: „Der Ton macht die Musik!“

Kinderäußerungen:
1. Schau mal, was ich gebaut habe!
2. Jetzt ist es wieder kaputt gegangen! Nein, ich baue es nicht mehr!
3. Immer muß ich das machen!
4. Oh, wenn der wieder anfängt, dann schlage ich ihn einfach.
5. Noch zwei Tage, und ich schlafe bei der Oma!
6. Ich spiele nie mehr mit Swen, nie im Leben. Der ist zu blöd.

Kollegenäußerung:
7. Heute klappt aber auch gar nichts!
8. Dieser Swen, dauernd stört er. Keine Beschäftigung kann man fertig machen.
9. Diese Mutter! Dauernd steckt sie die Nase in alles rein.
10. Mir ist einfach alles zuviel: die Kinder, die Festvorbereitungen und dazu noch private Sorgen.
11. Mit dieser Frau kann ich einfach nicht sprechen, sie will die Probleme mit dem Kind einfach nicht sehen. Ich weiß nicht, was ich noch versuchen könnte!

Elternäußerungen:
12. Was soll ich bloß mit Thomas machen, er macht zu Hause, was er will.
13. Mein Mann kümmert sich zu Hause um nichts. Tagsüber arbeitet er, und abends geht er in die Kneipe.
14. Wir haben hier überhaupt keinen Bekanntenkreis. Die Leute wollen scheinbar unter sich bleiben.
15. Swen ergreift zu Hause überhaupt keine Initiative. Er läßt sich alles von seinem größeren Bruder gefallen und wehrt sich nicht.
16. Gott sei Dank, wir haben endlich eine neue Wohnung gefunden.

Die Auswertung der Übung finden Sie im Auswertungsteil des Buches auf Seite 151.

An Hand dieser Übung wird deutlich, wie viele Gefühle und wie viele Nuancen es gibt. Gefühle sind wie Farben. Es gibt sanfte, weiche und zarte Gefühle, aber auch starke und dominante Gefühle. Es gibt eine ganze Palette von angenehmen Gefühlen, aber auch eine ganze Palette von bedrückenden und belastenden Gefühlen. Vielleicht haben Sie beim Lesen der Beispiele noch eigene Nuancen herausgefunden.

Gefühle kann man gut mit Bildern versprachlichen. Die deutsche Sprache ist reich an solchen Bildern, mit denen man sehr anschaulich und sicher Gefühle beschreiben kann. Hier einige Beispiele:

- Mit dem Kopf durch die Wand wollen.
- Gegen eine Wand laufen.
- Zwischen den Stühlen sitzen.
- Den Himmel auf Erden haben.
- Im siebten Himmel schweben.
- Sich in die Wolle kriegen.
- usw.

Übung 3
Aktives Zuhören in Antwortsätze einbinden

Die folgende Übung geht noch einen Schritt weiter als Übung zwei, indem jetzt nicht nur die Gefühle herausgehört und benannt werden sollen, sondern Sätze gebildet werden können, in denen aktives Zuhören angewendet wird.

Man kann diese Übung allein oder aber auch mit anderen machen. Eine gemeinsame Arbeit könnte sich so gestalten, daß der eine den Ratsuchenden spielt und den vorgegebenen Satz mit der Betonung liest, die ihm dazu einfällt. Der Partner versucht eine Erwiderung zu finden, indem er aktives Zuhören anwendet. Der Ratsuchende kann nun gleich dem Berater zurückmelden, ob er sich verstanden gefühlt hat und ob das Gefühl richtig benannt wurde. Durch Rollenspiele ist es leichter möglich, die Wirkung von aktivem Zuhören zu spüren und aktives Zuhören einzuüben.

Wer allein arbeitet, kann versuchen, sich in den Ratsuchenden hineinzuversetzen und seine Gefühle in dem Antwortsatz zu versprachlichen. Auch diese Art der Vorgehensweise ist sinnvoll und eine gute Übung, um aktives Zuhören zu lernen.

1. Wenn ich an die Schule denke, wird in diesem Kindergarten viel zuviel gespielt und zu wenig gearbeitet.

2. Mechthild ist dauernd eifersüchtig auf ihre jüngere Schwester, obwohl ich mich so oft wie möglich mit ihr beschäftige.

3. Ich habe eine Arbeit angeboten bekommen. Ich hätte schon Lust dazu, aber andererseits sind da die Kinder.

4. Mein Mann hat endlich eine Arbeit bekommen und dazu noch ganz in der Nähe!

5. Der Boris (3 Jahre) erzählt überall: „Meine Mami schlägt mich!" Jetzt hat er es ganz laut im Bus gesagt, und alle haben mich angeguckt.

6. Seit mein Mann arbeitslos ist, kommt er ständig betrunken nach Hause. Die Kinder werden nachts ständig wach, und der Kleine weint immer.

7. Eigentlich weiß ich gar nicht, was Jennifer eigentlich im Kindergarten macht. Wenn ich sie frage, sagt sie regelmäßig: „Nichts!"

8. Manchmal würde ich am liebsten davonlaufen. Der Haushalt, die Kinder.

Sie sind besorgt und fragen sich, ob Ihr Kind den Anforderungen in der Schule gewachsen ist.

9. Für den Elternbeirat lasse ich mich nicht aufstellen. Das kann ich nicht, und außerdem habe ich keine Zeit.

10. Mein älterer Sohn ist so verbohrt. Ich rede und rede, aber er geht auf nichts ein.

11. Joachim schlägt und ärgert die anderen Kinder den ganzen Tag. Ich habe schon alles versucht, aber es nützt nichts.

12. Heute abend ist mein erster Elternabend. Ich kenne die Eltern noch nicht. Wie wird das wohl werden?

13. Noch eine Woche, und ich habe drei Wochen Urlaub!

14. Frau K. meint, sie sei etwas Besseres. Ständig gibt sie mir Ratschläge, wie ich arbeiten soll. Nur weil sie die Frau vom Professor ist.

15. Wegen Melanies Sprachschwierigkeiten müßte ich dringend mit Frau S. sprechen. Aber sie ist so überzeugt von ihrer Tochter.

16. Heute abend ist Elternbeirat. Frau S. redet immer wie ein Buch, läßt keinen anderen zu Wort kommen.

• *Zusammenfassung:*
Die Auswertung der Übung finden Sie auf Seite 152.
Die in der Auswertung dargestellten Antwortsätze können durchaus von Ihren selbstgefundenen Sätzen abweichen. Vielleicht haben Sie andere Wörter benutzt, aber inhaltlich eine ähnliche Antwort gefunden. Möglicherweise haben Sie sich die vorgegebenen Sätze des Ratsuchenden auch mit einer anderen Betonung oder sie sich in einem anderen Zusammenhang vorgestellt und sind deshalb zu einer anderen Erwiderung gekommen. Bei manchen Sätzen finden Sie eine Reaktion mit aktivem Zuhören vielleicht überhaupt nicht angebracht.

Bei Beispielsätzen besteht immer die Schwierigkeit, daß sie nicht im Zusammenhang stehen und somit einen großen Spielraum für persönliche Interpretationen lassen. Darin liegt aber auch eine große Chance, weil deutlich wird, daß sich die Bedeutung einer Aussage immer einerseits aus der begleitenden Gestik, Mimik und der Art, wie jemand etwas sagt, und andererseits aus dem Zusammenhang, in dem sie steht, erschließt. In den Kapiteln vorher wurde darüber schon ausführlich gesprochen.

Ob ein Antwortsatz richtig oder falsch ist, richtet sich ausschließlich danach, ob der Ratsuchende sich verstanden gefühlt hat und ermutigt wird, weiterzusprechen. Es kommt nur darauf an, daß der Berater die jeweilige Gefühlslage des Ratsuchenden richtig heraushört und aufgreift. Dabei hat der Ratsuchende aber immer auch die Möglichkeit, dem Berater Rückmeldung zu geben, wenn er sich nicht verstanden fühlt.

Alle in der Auswertung beschriebenen Antwortsätze sind nur Beispiele, wie möglicherweise eine Erwiderung mit aktivem Zuhören aussehen könnte.

5.7 Die Grenzen von aktivem Zuhören

Wenn aktives Zuhören richtig angewendet werden soll, ist es wichtig zu wissen, wann aktives Zuhören sinnvoll ist.

Bevor aktives Zuhören angewendet wird, muß vorher immer geklärt werden, ob es sich um eine integrative oder eine distributive Situation handelt.

Unter einer integrativen Situation versteht man, daß es nicht darum geht, sich einem anderen gegenüber einen Vorteil zu verschaffen. In einer integrativen Situation können beide Partner gewinnen, es gibt keinen Gewinner und keinen Verlierer. Im Unterschied dazu gibt es die distributive Situation. Sie ist dadurch gekennzeichnet, daß es einen Sieger und einen Verlierer gibt und daß möglicherweise einer den anderen überbieten und ihm gegenüber einen Vorteil herausschlagen will.

Beispiel 1: Stellen Sie sich zwei Geschäftsleute vor, die sich gemeinsam um einen Auftrag bemühen. Es ist klar, daß nur einer den Auftrag bekommen kann. Würde man in diesem Fall aktives Zuhören anwenden, wäre es völlig unangebracht, weil diese Situation nicht integrativ zu lösen ist. Es kann nur einer gewinnen und einer verlieren.

Beispiel 2: Im Kindergarten ist eine distributive Situation zum Beispiel dann gegeben, wenn sich zwei Erzieherinnen gleichzeitig um eine Stelle bemühen. Jede wird in diesem Fall berechtigterweise versuchen, die Stelle zu bekommen. Die eine wird in ihren Bemühungen um die Stelle gewinnen, die andere verlieren.

Beispiel 3: Eine distributive Situation ist auch in folgendem Beispiel entstanden: In einem Gruppenraum ist das Mobiliar der Puppenecke zum großen Teil so beschädigt, daß die Kinder ernsthaft Gefahr laufen, sich beim Spielen zu verletzen. Die Leiterin hat das Problem schon mehrfach bei der Gemeindeverwaltung vorgetragen und immer eine abschlägige Antwort bekommen. Das Geld würde woanders mehr gebraucht und könne nicht in eine neue Puppenecke investiert werden. In diesem Fall ist aktives Zuhören ebenfalls nicht angebracht. Jetzt geht es darum, die eigenen Interessen nachdrücklich zu vertreten und Strategien zu entwickeln, um dem Wunsch nach einer neuen Puppenecke Nachdruck zu verleihen. In dem beschriebenen Beispiel, das sich wirklich in der Praxis so zugetragen hat, haben sich die Erzieherinnen so geholfen, daß sie das ganze Mobiliar aus der Puppenecke in die Gemeindeverwaltung brachten und dem Bürgermeister ins Büro stellten. Diese drastische und sehr unkonventionelle Vorgehensweise brachte Erfolg, und es wurden tatsächlich Mittel für eine neue Puppenecke bewilligt.

Beispiel 4: Eine distributive Situation kann im Kindergarten auch dann entstehen, wenn sich eine Mitarbeiterin in keiner Weise an ihren Arbeitsvertrag hält und rechtlich bindende Vereinbarungen, wie zum Beispiel die vorgeschriebenen Dienstzeiten, nicht einhält und damit zu einer Belastung für das Team wird. Wenn Gespräche nicht weiterführen, kann es notwendig werden, entsprechende Konsequenzen zu ziehen.

Um herauszufinden, ob aktives Zuhören sinnvoll ist, ist es weiter notwendig, die Problemeigentümerschaft zu klären. Dies bedeutet, daß überprüft werden muß, wer eigentlich das Problem hat.

Beispiel 1: Die Erzieherin ist der Meinung, daß die Kinder im Gruppenraum viel zu laut sind. In diesem Fall wäre aktives Zuhören unangebracht, weil nicht die Kinder, sondern die Erzieherin das Problem hat. Sie selbst fühlt sich durch den Lärm gestört, die Kinder haben dagegen überhaupt kein Problem mit ihrer eigenen Lautstärke. Würde die Erzieherin aktiv zuhören und sagen: „Es macht euch jetzt großen Spaß, so laut zu sein", hätten die Kinder keinen Grund, ihr Verhalten zu ändern.

Beispiel 2: Zur Verdeutlichung soll noch ein Beispiel aufgeführt werden: Das Team fühlt sich in seiner Aktivität eingeschränkt, weil die Leiterin „alle Fäden in der Hand hat" und den Erzieherinnen wenig Verantwortung überträgt. Die Erzieherinnen fühlen sich dadurch nicht für voll genommen und ärgern sich über den Arbeitsstil der Leiterin.

In diesem Fall haben die Erzieherinnen das Problem, die Leiterin dagegen hat kein Problem mit ihrem Leitungsstil. Deshalb wäre aktives Zuhören als Einstieg in ein klärendes Gespräch nicht angebracht, es kann jedoch im Verlauf des Gespräches noch sinnvoll werden, um der Leiterin die Möglichkeit zu geben, über eventuelle Ängste und Sorgen bezüglich des verantwortlichen Übertragens von Aufgaben an die Kolleginnen zu sprechen.

Aktives Zuhören ist weiter nicht angebracht, wenn es sich in einem Gespräch oder in einer Diskussion um den sachlichen Austausch von Informationen handelt.

Beispiel: Ein Vater fragt zu Beginn der Ferien: „Wann fängt eigentlich der Kindergarten wieder an?“ In diesem Fall würde sich der Vater lächerlich gemacht fühlen, wenn ihm mit aktivem Zuhören geantwortet würde, indem die Erzieherin zum Beispiel sagt: „Sie sind besorgt, weil Sie nicht wissen, wann der Kindergarten wieder anfängt.“ Hier ist eine sachliche Antwort auf ein sachliche Frage erforderlich.

6 Anderen Menschen Feedback geben

Von jemandem erfahren, welche Wirkung die eigene Person und unser Verhalten auf ihn haben, nennen wir Feedback bekommen.[14]

Feedback bekommen wir zum Beispiel, wenn andere uns mitteilen, daß sie etwas nicht verstanden haben („Wie hast du das gemeint?“), oder nicht damit einverstanden sind, was wir tun („Hör bloß auf damit!“), oder unser Verhalten positiv bewerten („Das hast du gut gemacht!“).[15]

Man kann also unterscheiden zwischen einem anerkennenden Feedback und einem eher kritischen Feedback. Feedback gibt uns wichtige Hinweise darauf, wie das, was wir sagen oder tun, auf andere wirkt und wie sie dazu stehen. Ebenso können wir selbst durch unser Feedback Rückmeldung geben, wie wir selbst zu dem eingestellt sind, was andere sagen oder tun.

Sowohl anerkennendes Feedback als auch kritisches Feedback annehmen und geben kann aus verschiedenen Gründen schwierig sein.

Ein anerkennendes Feedback geben setzt voraus, daß wir in der Lage sind, das, was andere tun und sagen, positiv zu bewerten und dies auch auszudrücken. Dies kann schwerfallen, wenn wir uns in Konkurrenz zu anderen fühlen und deshalb nicht anerkennen können, daß diese etwas getan oder gesagt haben, was eigentlich positiv zu bewerten ist.

[14] L. Schwäbisch/M. Siems, 1989, S. 70.
[15] Vgl. ebenda, S. 70.

Genauso kann es auch schwerfallen, ein positives Feedback anzunehmen. Viele Menschen neigen dazu, ein positives Feedback auf sich selbst abzuwerten und kleiner zu machen.

Beispiel:
Erzieherin: Sie haben heute aber ein schönes Kleid an.
Kollegin: Ach, na ja, ich habe es günstig im Ausverkauf bekommen.

Anerkennendes Feedback geben und nehmen will also gelernt sein. Positives Feedback wirkt sich grundsätzlich sehr günstig auf Beziehungen aus, weil wir selbst die anderen aufwerten und ebenfalls von ihnen aufgewertet werden.

Als Beispiel einige Kollegenäußerungen:
- „Ich finde, Sie haben Ihren Raum sehr schön hergerichtet."
- „Ich finde es gut, daß Sie noch immer soviel Geduld mit Peter haben, obwohl er Ihnen so zusetzt."
- „Da haben Sie sich aber viel Arbeit gemacht."
- „Sie haben immer so gute Ideen."

Anerkennendes Feedback trägt sehr zu einem guten Betriebsklima bei, weil sich die einzelnen Teammitglieder anerkannt und geschätzt fühlen. Es ist im Umgang miteinander immer wichtig, das Positive aneinander anzuerkennen und nicht als selbstverständlich anzusehen und sich deshalb nicht dazu zu äußern. Das Positive hat ein anerkennendes Feedback verdient. Dazu kommt, daß es uns leichter fällt, ein kritisches Feedback anzunehmen, wenn wir auch anerkennende Rückmeldungen von den anderen erhalten.

Es gibt Situationen, die es notwendig machen, sich kritisch zu dem Verhalten eines anderen zu äußern, weil es uns stört oder wir möglicherweise sogar darunter leiden.

Beispiele:
- Die Gruppenleiterin steht vor der Aufgabe, ein Gespräch mit ihrer Kollegin zu führen, weil diese ständig ihre Sachen überall herumliegen läßt.
- Die Kinder sind viel zu laut, und die Erzieherin hat Mühe, mit ihrer Stimme noch durchzukommen.
- Die Leiterin hat das Gefühl, daß die ganze Arbeit an ihr hän-

genbleibt und sich die Kolleginnen nicht genügend engagieren.
- Die Gruppenleiterin hat bestimmte Erwartungen an die Praktikantin, die diese aber nicht erfüllt.

Es fällt den meisten Menschen sehr schwer, einem anderen Rückmeldung zu geben, ohne ihm dabei auch gleichzeitig Vorwürfe zu machen, ihn zu kränken und herabzusetzen.

Aus dieser Schwierigkeit heraus wird es oft vermieden, ein Problem offen anzusprechen. Es gibt zwar einen Grund, sich zu ärgern oder wütend zu sein, aber es fehlen oft die Worte und die geeignete Form, sich so auszudrücken, daß unser Gesprächspartner unsere Rückmeldung auch annehmen kann.

6.1 Gespräch zwischen zwei Kolleginnen

Die Gruppenleiterin ärgert sich, daß ihre Kollegin ihre Sachen ständig überall herumliegen läßt.

Eines Tages sagt sie:

Erzieherin: Wieso liegen Ihre Sachen eigentlich überall herum? Das ist doch wirklich eine Schlamperei!.

Kollegin: Das stimmt nicht, ich habe erst gestern alles weggeräumt.

Erzieherin: Das ist doch wirklich allerhand. Hier auf dem Schreibtisch liegt Ihre Jacke, dort über dem Stuhl hängt Ihre Tasche und die Frühstückssachen sind auf dem Tisch verteilt. Wollen Sie vielleicht sagen, daß man das mit Ordnung bezeichnen kann?

Kollegin: Ich und schlampig! Das geht nun wirklich zu weit. Ich finde, Sie haben einen Ordnungstick und sind viel zu kleinlich.

Erzieherin: Ich und kleinlich? Daß ich nicht lache. Die ganze Zeit schon räume ich hinter Ihnen her. Ich möchte mal wissen, wie es bei Ihnen zu Hause aussieht.

Kollegin: Das kann Ihnen ja nun wirklich egal sein. Aber wenn Sie wollen, können Sie mich auch gerne noch zu Hause kontrollieren.

Erzieherin: Das hat doch überhaupt nichts mit Kontrolle zu tun, außerdem finde ich es nicht schön von Ihnen, daß Sie sich jetzt auch noch über mich lustig machen.

Kollegin: Ach, seien Sie nicht so empfindlich, wer hat denn den Streit angefangen?

Dieses Gespräch ist für beide Seiten sehr unbefriedigend verlaufen. Am Ende gehen die beiden im Zorn auseinander, ohne daß eine konstruktive Lösung gefunden werden konnte.

Auswertung des Gesprächsverlaufs

In diesem Fall hatte eindeutig die Erzieherin das Problem, nicht aber ihre Kollegin. Das Problem der Erzieherin bestand darin, daß sie mit der Unordentlichkeit ihrer Kollegin nicht mehr umgehen konnte und ständig über die überall herumliegenden Sachen verärgert war. Die Kollegin hatte dagegen überhaupt kein Problem mit ihrer eigenen Unordnung und fühlte sich ganz wohl damit. Offensichtlich existierte das Problem unausgesprochen schon längere Zeit, denn die Erzieherin sagt an einer Stelle, daß sie die ganze Zeit schon die Sachen hinter ihrer Kollegin herräume. Wir können also vermuten, daß sich schon vor dem Gespräch eine ganze Menge Ärger bei der Erzieherin aufgestaut hat, der aber erst jetzt zur Sprache kommt und die Kollegin relativ unvorbereitet trifft. Möglicherweise hatte das Wegräumen für die Erzieherin hauptsächlich einen Appellcharakter, um der Kollegin indirekt zu vermitteln, daß sie ihre Sachen wegräumen soll. Dieser Appell ist bei der Kollegin aber nicht angekommen. Möglicherweise hat sie das Wegräumen sogar als freundliche Geste interpretiert und fällt nun aus allen Wolken, daß die Kollegin so ungehalten reagiert. Eines Tages nun platzt der Erzieherin der Kragen, und sie macht ihrem Ärger Luft.

Untersuchen wir nun den Gesprächsverlauf und betrachten zunächst den ersten Satz genauer: „Wieso liegen Ihre Sachen eigentlich überall herum? Das ist doch wirklich eine Schlamperei!“ Die Erzieherin bringt ihren Ärger in dieser Äußerung nur indirekt zum Ausdruck, indem sie der Kollegin zunächst eine sehr vorwurfsvolle Frage stellt und dann noch eine Abwertung hinzufügt, was deren Vorstellungen von Ordnung anbelangt. Sie verschlüsselt sozusagen ihren Ärger, indem Sie ihn in Form von Vorwürfen und Abwertungen zu der Kollegin herüberbringt.

Die Kollegin fühlt sich dadurch angegriffen und klein gemacht und reagiert zunächst, indem sie sich verteidigt und abstreitet, daß sie so unordentlich ist.

Dies wiederum bringt die Erzieherin noch mehr in Rage, und sie beweist der Kollegin die Richtigkeit ihrer Aussage, indem sie die herumliegenden Sachen einzeln aufzählt.

Die Kollegin geht nun zum Gegenangriff über und bezeichnet ihrerseits die Erzieherin als kleinlich.

Mit dem Hinweis auf die mögliche Unordnung zu Hause versucht die Erzieherin, ihre Kollegin noch weiter abzuwerten, was ihr im Gegenzug die höchst ironische Bemerkung: „Sie können mich gerne auch noch zu Hause kontrollieren" einbringt.

Nun ist die Situation restlos verfahren, und die Erzieherin zieht sich beleidigt zurück, worauf die Kollegin ihr auch noch die Schuld für den Streit zuweist.

Am Ende ist die Erzieherin kein Stück weitergekommen, und es wurde ihr im Gegenteil noch der Schwarze Peter zugeschoben.

Sie hat das Gefühl, der Verlierer in diesem Gespräch zu sein. Die Beziehung zwischen der Erzieherin und ihrer Kollegin ist für die Zukunft sehr belastet, wenn es nicht gelingt, das Problem aufzuarbeiten.

- Zusammenfassung:

In dem Fallbeispiel wurden verschiedene Schwierigkeiten deutlich, die entstehen können, wenn wir ein Problem ansprechen.

Es ist wichtig, seine Gefühle nicht zu lange zurückzuhalten, weil dann ein geringfügiger Anlaß genügen kann, um eine Explosion zu verursachen. Das ist dann der berühmte Tropfen, der das Faß zum Überlaufen bringt.

Es ist wichtig, Vorwürfe, Abwertungen, Ironie und Schuldzuweisungen zu vermeiden, damit der andere sich nicht in die Verteidigungsrolle gedrängt fühlt und nun seinerseits ähnliche Kampfmittel anwendet.

Zu Beginn dieses Buches wurde besprochen, wie störanfällig besonders die Beziehungsseite in der Kommunikation ist. Wenn der Empfänger einer Nachricht auf der Beziehungsseite eine negative Botschaft erhält, wird er sehr alarmiert reagieren und alles daransetzen, sich zu wehren. Dabei geraten Gespräche oft außer Kontrolle, und es besteht die Gefahr, daß die Beteiligten ganz aus dem Blick verlieren, was eigentlich sachlich der Grund für den Streit war. Es geht am Ende überhaupt nicht mehr um die Sache an sich, sondern darum, sich nichts gefallen zu lassen. Aus diesem Grund ist es wichtig zu lernen, wie man andere effektiv mit einem Problem konfrontieren kann und damit die Chance für ein konstruktives Gespräch gegeben ist.

Übung
Unterschiedliche Formen der Rückmeldung

Es folgt nun eine Übung, die helfen soll, verschiedene Formen des Feedbacks auf ihre Wirkung hin zu überprüfen. Der Leser hat die Möglichkeit, die verschiedenen Feedbacks unter folgenden Gesichtspunkten zu untersuchen:

1. Welche Gefühle hat der Empfänger bei den unterschiedlichen Formen des Feedbacks?

2. Welche Auswirkungen haben die verschiedenen Arten des Feedbacks auf den Empfänger? Welche Art des Feedbacks ist eher annehmbar, welche weniger?

1. Die Praktikantin ist neu im Kindergarten. Sie versucht mit viel Elan in die Gruppenarbeit einzusteigen. Eines Tages sagt die Gruppenleiterin zu ihr:
„Dauernd fangen Sie etwas an, von dem ich nichts weiß. Das ist ja furchtbar! Sie bringen ja alles durcheinander."

Gefühle der Praktikantin: ______________________________

____

„Wenn Sie spontan so viele Ideen einbringen, fühle ich mich übergangen, weil ich mit unserer Planung durcheinanderkomme und nicht mehr weiß, wo ich dran bin."

Gefühle der Praktikantin: ______________________________

____

2. Stellen Sie sich einmal vor, Sie wären ein Kind. Ihre Mutter hätte Sie zum Einkaufen geschickt, aber Sie kommen wieder zurück, weil Sie den Geldbeutel vergessen haben. Ihre Mutter sagt:
„Du kannst aber auch gar nichts!"

Ihre Gefühle: ______________________________

____

„Nun mußt du noch mal ins Geschäft gehen. Ich komme jetzt sehr unter Druck, weil ich nun nicht pünktlich mit dem Essen fertig werde."

Ihre Gefühle: ______________________________

____

3. Stellen Sie sich einmal vor, Sie wären ein Schulkind und hätten mit Ihrem Nachbarn geschwätzt.
Der Lehrer erwischt Sie dabei und sagt:
„Hört endlich auf zu schwätzen, du bist nicht auf der Schule, um Privatgespräche zu führen."

Ihre Gefühle: ______________________________

____

„Ich habe mich für diese Stunde gut vorbereitet, und ihr hört mir überhaupt nicht zu. Das ärgert mich, weil ich nun das Gefühl habe, mich umsonst vorbereitet zu haben."

Ihre Gefühle: ______________________________

____

4. Sie diskutieren mit einer Arbeitskollegin, aber Sie können sich ihrer Meinung beim besten Willen nicht anschließen. Die Kollegin sagt:
„Mit Ihnen kann man ja nicht reden. Dauernd beharren Sie auf Ihrer Meinung."

Ihre Gefühle: ______________________________

____

„Wenn wir beide auf unserem Standpunkt beharren, bin ich in Sorge, daß wir nicht zu einer Übereinkunft kommen."

Ihre Gefühle: ______________________________

____

5. Sie gehören zu den Menschen, die morgens nicht aus dem Bett kommen. Deshalb passiert es Ihnen öfters, daß Sie zu spät in den Kindergarten kommen. Die Kollegin sagt:
„Sie sollten sich langsam mal an die Dienstzeiten gewöhnen. Ich finde es allerhand, daß Sie dauernd zu spät kommen."

Ihre Gefühle: ______________________________

____

„Wenn Sie so oft zu spät kommen, fühle ich mich ausgenutzt, weil ich in dieser Zeit die ganze Arbeit allein machen muß."

Ihre Gefühle: ______________________________

____

6. Sie bitten die Praktikantin, im Kindergarten ein paar Seiten zu fotokopieren. Sie meint daraufhin:
„Warum machen Sie Ihre Fotokopien nicht selber?"

Ihre Gefühle: ______________________________

____

„Wenn ich die Kopien sofort machen soll, stört mich das, weil ich dann die Beschäftigung mit den Kindern nicht mehr zu Ende bringen kann."

Ihre Gefühle: ______________________________

____

8. Sie sind Gruppenleiterin und möchten einführen, daß die Kinder im Kindergarten Hausschuhe anziehen sollen, anstatt auf Strümpfen herumzulaufen, wie es bisher üblich war. Die Leiterin sagt:
„Das kommt überhaupt nicht in Frage, so etwas war bisher auch nicht nötig."

Ihre Gefühle: ______________________________

____

Wenn die Kinder in Zukunft ihre Hausschuhe im Kindergarten haben, engt mich das noch mehr ein, weil dann alles vollsteht und in den Räumen noch weniger Platz ist.

Ihre Gefühle: ______________________________

____

6.2 Die drei-geteilte Ich-Botschaft

Mit allen Äußerungen wird eine Rückmeldung auf ein bestimmtes Verhalten gegeben. Es ist jedoch deutlich, daß manche Rückmeldungen günstiger sind als andere, um zu erreichen, daß sich der Empfänger auch konstruktiv mit dem Feedback auseinandersetzt.

Wenn wir uns die Rückmeldungen im einzelnen betrachten, wird deutlich, daß in allen Beispielen die erste Form der Rückmeldung viel schwerer anzunehmen ist, weil damit gleichzeitig auch eine Abwertung der Person oder ein Angriff verbunden ist. Der Empfänger des Feedbacks wird klein gemacht, herabgesetzt und vorwurfsvoll behandelt. Der Sender des Feedbacks macht einseitige Schuldzuweisungen und gibt dem Empfänger das Gefühl, allein die Verantwortung für den Konflikt zu tragen. Man nennt diese Art der Rückmeldung eine „Du-Botschaft“. Du-Botschaften sind ungeeignet für ein annehmbares Feedback, weil sie bewirken, daß die anderen sich entweder gekränkt zurückziehen, sich verteidigen oder selbst mit entsprechenden Formen des Feedbacks reagieren. Du-Botschaften sind deshalb als Rückmeldung nicht geeignet.[16]

Bei der zweiten Form der Rückmeldung, wie sie in der vorangegangenen Übung dargestellt wurde, handelt es sich um eine Form des Feedbacks, das vom Empfänger eher angenommen werden kann. Man nennt diese Form der Rückmeldung die drei-geteilte Ich-Botschaft.

Eine wirksame Ich-Botschaft besteht nach Gordon aus drei Teilen:

1. der Beschreibung des nicht-akzeptablen Verhaltens,
2. dem Gefühl,
3. dem greifbaren Effekt.[17]

Bei der drei-geteilten Ich-Botschaft beschreibt der Sender des Feedbacks genau, was ihn am anderen stört oder ärgert, spricht über seine eigenen Gefühle und macht deutlich, welche Auswirkungen das nicht akzeptierte Verhalten des anderen auf ihn hat.

Beispiel:

Nicht-akzeptables Verhalten	Gefühl	greifbarer Effekt
Wenn Sie spontan so viele Ideen einbringen	fühle ich mich übergangen	weil ich mit unserem Plan durcheinanderkomme.

Diese Form der Rückmeldung kann zunächst fremd wirken, weil wir im allgemeinen eher daran gewöhnt sind, Rückmeldungen in Form von Du-Botschaften zu erhalten und zu geben.

[16] Vgl. Th. Gordon, Familienkonferenz in der Praxis, 1990, S. 128 ff.
[17] Vgl. ebenda, S. 142.

Ich-Botschaften sind dennoch viel wirksamer als Du-Botschaften und veranlassen den Empfänger des Feed-backs viel eher dazu, sich mit dem Feedback auseinanderzusetzen, weil bei dieser Form der Rückmeldung vermieden wird, den anderen Menschen zu kränken, zu beleidigen und herabzusetzen. Der Sender des Feedbacks verzichtet darauf, einseitig Schuld zuzuweisen, den anderen niederzumachen oder ihn anzugreifen, indem er sachlich schildert, was ihn stört, welche Gefühle ihm kommen und welche Auswirkungen das Verhalten des anderen auf ihn hat. Während bei der Du-Botschaft nur von dem anderen gesprochen wird, spricht der Sender in der Ich-Botschaft auch von sich selbst und gibt dem anderen so die Möglichkeit, ihn und seine Beweggründe zu verstehen.

Der Unterschied zwischen Ich-Botschaften und Du-Botschaften soll an Hand der folgenden Schaubilder verdeutlicht werden.* Dabei wird nochmals das Beispiel der Praktikantin zugrunde gelegt, die ihre Ideen in die Gruppe

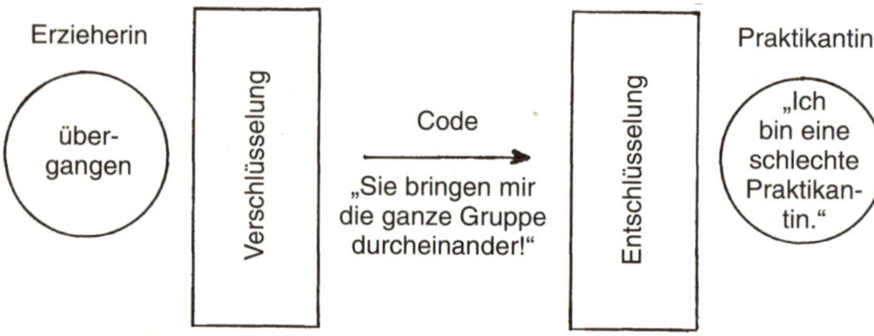

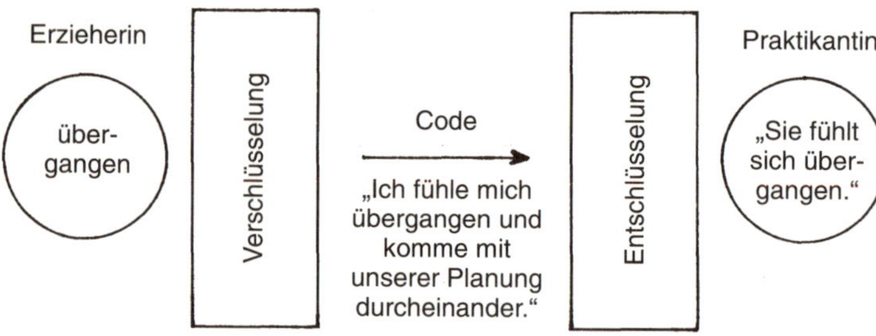

* Die Schaubilder wurden von Gordon entwickelt, das Beispiel ist der Praxis der Erzieherinnen entnommen.

einbringt, ohne dies vorher mit der Gruppenleiterin abgesprochen zu haben[18].

Beim Schaubild oben wird deutlich, daß die Erzieherin ihr eigenes Gefühl des Übergangenseins verschlüsselt, indem sie die Praktikantin beschimpft und ihr Vorhaltungen macht.

Im Schaubild unten wird deutlich, daß die Erzieherin ihr eigenes Gefühl zum Ausdruck bringt und erklärt, was so schwierig für sie ist.

Die Wirkung beider Äußerungen auf die Praktikantin sind jeweils ganz verschieden. Im Schaubild oben entschlüsselt die Praktikantin die Nachricht, indem sie sich und ihre Arbeit abgewertet fühlt. „Ich bin eine schlechte Praktikantin." Ihr Schwung ist gelähmt, und weitere Initiativen sind möglicherweise im Keim erstickt. Im Schaubild unten entschlüsselt die Praktikantin, daß sich die Gruppenleiterin übergangen fühlt, und erkennt, daß sie mit ihrem Arbeitsstil die Planung der Gruppenleiterin durcheinandergebracht hat. In diesem Fall wird sie viel eher in der Lage sein, diese Rückmeldung anzunehmen, indem sie etwa sagen könnte: „Das tut mir leid, darüber habe ich überhaupt nicht nachgedacht!" Sie kann dieser Form der Rückmeldung entnehmen, daß die Gruppenleiterin nichts gegen ihren Ideenreichtum hat, sondern nur nicht möchte, daß sie in der Gruppe aktiv wird, ohne dies mit ihr vorher abzusprechen.

Die Grundvoraussetzung, um eine gute Rückmeldung zu geben, ist der Respekt und die Achtung vor dem anderen, auch wenn sein Verhalten Anlaß zu Ärger und Betroffenheit ist. Es muß auf seiten desjenigen, der eine Rückmeldung gibt, immer unterschieden werden zwischen der Person selbst und dem unerwünschten Verhalten der Person. Es ist wichtig, sich bewußtzumachen, daß wir Respekt und Achtung vor anderen haben und ihnen trotzdem Rückmeldung für ein bestimmtes unerwünschtes Verhalten geben können. Die Trennung zwischen Person und Sache ist von entscheidender Bedeutung für eine wirkungsvolle Rück-

[18] Vgl. ebenda, S. 134.

meldung, weil dadurch weniger Gefahr besteht, daß sich der andere auch in seiner Person abgelehnt fühlt.

Es kann jedoch auch vorkommen, daß wir anderen Menschen gegenüber auch ablehnende und feindselige Gefühle haben. In diesem Fall ist es wichtig, einmal bei uns selbst nachzuschauen, was die Ablehnung des anderen Menschen möglicherweise mit uns selbst zu tun hat. So geht beispielsweise der einen Kollegin das Verhalten eines Kindes auf die Nerven, während die andere Kollegin von dem Kind durchaus angetan ist. Oder es „stellen sich bei der einen Kollegin alle Stacheln", wenn sie eine bestimmte Mutter nur schon im Kindergarten auftauchen sieht, während die andere Kollegin die Mutter sehr nett findet und gerne mit ihr zu tun hat. Wenn klar geworden ist, was die Ablehnung einer anderen Person mit der eigenen Person zu tun hat, ist es einfacher, möglicherweise auch wieder eine andere Beziehung zu dieser Person aufzubauen.

Beispiel: Eine Erzieherin hat große Probleme mit einer bestimmten Mutter. Sie kann sie einfach nicht leiden, fühlt sich ihr gegenüber minderwertig, weil diese studiert hat und an einem Institut arbeitet. Im Gespräch mit einer Kollegin wird ihr nun klar, daß in ihrer Familie immer sehr abwertend über die „Studierten" gesprochen wurde. Die Eltern waren der Meinung, daß diese nichts arbeiten, sondern nur die Arbeit verteilen. Sie erkennt, daß ihre Antipathie gegenüber der Mutter auf Vorurteilen aus ihrer eigenen Kindheit resultiert und mit der Frau selbst überhaupt nichts zu tun hat. Sie ist jetzt in der Lage, ihre negativen Gefühle besser zu verstehen und der Mutter offener zu begegnen.

Eigenschaften von Ich-Botschaften

Zu Beginn dieses Buches wurde besprochen, daß jede Nachricht vier Seiten enthält: die Selbstoffenbarungsseite, die Sachseite, die Beziehungsseite und die Appellseite.

Beim Senden von Ich-Botschaften wird der Tatsache Rechnung getragen, daß die Beziehungsseite besonders störanfällig ist. Mit einer drei-geteilten Ich-Botschaft berücksichtigt der Sender der Rückmeldung die Selbstoffenbarungsseite und die Sachseite besonders, indem er über seine eigenen Gefühle und Empfindungen spricht und gleichzeitig sachlich mitteilt, was ihn stört und welche Auswirkungen das unerwünschte Verhalten des anderen auf seine Person hat. Er geht sehr sorgsam mit der Beziehungsseite um, indem er alles vermeidet, was den anderen kränken oder herabsetzen könnte. Er vermeidet es auch, direkt einen Appell zu senden und so den Empfänger der Rückmeldung zu einer Art Befehlsempfänger zu machen.

Auf diese Weise hat er gute Chancen, daß der Empfänger der Rückmeldung für ein weiteres Gespräch offen ist, seine Meinung zu der Rückmeldung sagt und bereit ist, über sein Verhalten nachzudenken.

Die drei-geteilte Ich-Botschaft ist konkret bezogen auf ein bestimmtes Verhalten. Es wird nicht verallgemeinert, und der Gesprächspartner hat die Möglichkeit, genau zu erfahren, was der Anlaß für die Rückmeldung war.

Bei der drei-geteilten Ich-Botschaft wird die Person des anderen Menschen respektiert, die Rückmeldung bezieht sich nur auf sein Verhalten.

Die drei-geteilte Ich-Botschaft ist umkehrbar. Dies bedeutet, daß der Sender der Ich-Botschaft so mit dem Empfänger der Ich-Botschaft spricht, wie dieser auch umgekehrt mit ihm selber sprechen könnte und dürfte. Du-Botschaften sind nicht umkehrbar, weil niemand selbst eine Rückmeldung dieser Art bekommen möchte.

Beispiel: Leiterin zu einer Kollegin:
„Jetzt beteiligen Sie sich endlich mal an den Teamgesprächen!"

Die Leiterin würde mit Sicherheit von der Kollegin umgekehrt nicht so angesprochen werden wollen. Sie würde sich genauso heruntergemacht fühlen, wie die Kollegin sich nun heruntergemacht fühlt und sich vielleicht zusätzlich in ihrer Rolle als Leiterin nicht respektvoll genug behandelt fühlen.

Eine Ich-Botschaft könnte im Gegensatz dazu lauten: „Seit einiger Zeit bringen Sie keine Ideen mehr im Team ein. Ich bin darüber traurig, weil Ihre Ideen unsere Teamgespräche sicher bereichern würden."

Mit dieser Äußerung drückt die Leiterin Wertschätzung gegenüber der Kollegin aus und ermuntert sie auszusprechen, was sie möglicherweise daran hindert, sich in Teamgesprächen mehr einzubringen.

Ich-Botschaften sind eindeutig und geben dem Empfänger die Möglichkeit, den Sender der Ich-Botschaft auch wirklich richtig zu verstehen. Der Sender verschlüsselt sein Gefühl nicht, indem er Vorwürfe macht, kritisiert oder abwertet. Der Empfänger hat die Chance zu verstehen, was sein Verhalten für den Sender bedeutet, und fühlt sich dadurch weniger abgelehnt, abgewertet und in die Enge getrieben.

Übung
Umformulierung von Du-Botschaften in Ich-Botschaften

Bei der folgenden Übung wird die Gelegenheit gegeben, Du-Botschaften in drei-geteilte Ich-Botschaften umzuwandeln:

Bitte überlegen Sie bei jeder Du-Botschaft, worin möglicherweise das nicht-akzeptierte Verhalten des anderen besteht, welche Gefühle der Sender des Feedbacks hat, und welchen greifbaren Effekt das Verhalten des anderen auf den Sender hat.

1. Du-Botschaft: „Man muß doch auch mal Pause machen dürfen!"

Ich-Botschaft: ______________________________

____

2. Du-Botschaft: „Die Teambesprechungen bringen nichts, weil sich Frau F. immer in den Vordergrund spielt!"

Ich-Botschaft: ______________________________

____

3. Du-Botschaft: „Und Sie wollen Berufspraktikantin sein!? Sie sitzen ja nur auf der Fensterbank!"

Ich-Botschaft: ______________________________

____

4. Du-Botschaft: „Das ist ein starkes Stück! Immer kommandieren Sie mich herum! Ich bin schließlich Berufspraktikantin und habe eine Ausbildung!"

Ich-Botschaft: ______________________________

____

5. Du-Botschaft: „Jetzt arbeite ich schon 15 Jahre in diesem Kindergarten, aber so frech wie Sie ist mir noch keine gekommen."

Ich-Botschaft: ______________________________

____

6. Du-Botschaft: „Bei Ihnen muß immer alles so gehen, wie es schon immer gegangen ist. Immer wollen Sie alles besser wissen!"

Ich-Botschaft: ______________________________

____

7. Du-Botschaft: „Ich finde es nicht in Ordnung, daß Sie mir die ganze Arbeit überlassen. Ein wenig mehr Engagement könnte Ihnen nicht schaden."

Ich-Botschaft: ______________________________

____

8. Du-Botschaft: „Sie sind verpflichtet, Peter pünktlich abzuholen. Ich will schließlich auch mal Feierabend machen und nicht dauernd länger im Kindergarten bleiben."

Ich-Botschaft: ______________________________

____

9. Du-Botschaft: „Ihr Sascha war heute wieder ganz unmöglich. Er hat jetzt eine Woche Kindergartensperre."

Ich-Botschaft: ______________________________

____

10. Du-Botschaft: „Sie müssen Marion unbedingt wärmere Sachen kaufen. Es ist kein Wunder, wenn sie andauernd krank ist. Die anderen Kinder steckt sie auch ständig an."

Ich-Botschaft: ______________________________

____

Die Auswertung der Übung finden Sie auf Seite 153. Der Leser hat die Möglichkeit, seine Antworten mit den im Anhang dargestellten Ich-Botschaften zu vergleichen. Dabei kann es vorkommen, daß die Antworten nicht ganz mit den Antworten im Buch übereinstimmen. Ein Antwortsatz ist deshalb nicht richtig oder falsch, weil die Formulierungen unterschiedlich sind, sondern es kommt darauf an, daß alle Teile der drei-geteilten Ich-Botschaft darin enthalten sind. Die im Auswertungsteil dargestellten Ich-Botschaften sind daher als Vorschläge oder Möglichkeiten für drei-geteilte Ich-Botschaften zu verstehen.

Bei der Formulierung der Ich-Botschaften kommt es nicht darauf an, die drei Teile der Reihenfolge nach genau einzuhalten. Das Gefühl kann zum Beispiel auch mal am Anfang oder am Schluß stehen oder der greifbare Effekt am Anfang oder in der Mitte. Wichtig ist nur, daß alle drei Teile in der Ich-Botschaft enthalten sind.

Wichtig ist auch, daß in einer Ich-Botschaft keine Worte vorkommen dürfen, die in sich selbst schon einen Vorwurf enthalten. Das Wort „kommandieren" ist beispielsweise negativ besetzt und drängt den Gesprächspartner unter Umständen schon in eine Verteidigungshaltung, indem er sagt: „Ich kommandiere niemanden herum!"

Wichtig ist auch, daß der Gesprächspartner immer direkt angesprochen wird. Im zweiten Übungsbeispiel wird über eine andere Person und deren unerwünschtes Verhalten gesprochen. Bei der Umformulierung in eine Ich-Botschaft muß die betroffene Person direkt angesprochen werden.

6.3 Was beim Senden von Ich-Botschaften allgemein beachtet werden muß

Es ist wichtig, daß der Empfänger einer Ich-Botschaft auch Zeit hat, sich damit auseinanderzusetzen. Eine Ich-Botschaft soll ja immer ein konstruktives Gespräch in Gang bringen. Dies ist nur möglich, wenn der andere nicht den Kopf mit anderen Dingen voll hat oder seine Aufmerksamkeit in anderer Richtung beansprucht wird. Es ist also wie bei der Anwendung von aktivem Zuhören auch bei der Anwendung von Ich-Botschaften notwendig, einen ruhigen Rahmen zu schaffen und Zeit einzuplanen.

Beispiel: Erzieherin zur Mitarbeiterin:
„Ich möchte gerne einmal in Ruhe mit Ihnen reden. Haben Sie jetzt gerade Zeit?"
Mitarbeiterin: „Nein, im Augenblick geht es nicht."
Erzieherin: Können wir vielleicht einen Termin vereinbaren?"

Ich-Botschaften sind eine Form der Rückmeldung, mit der Kritik in angemessener Form herübergebracht wird. Dadurch besteht die große Chance, die Tür für ein weiterführendes Gespräch zu öffnen. Es kann aber trotzdem sein, daß manche Menschen sich gekränkt fühlen, weil sie auf der Beziehungsseite besonders hellhörig sind und mit der Rückmeldung auch gleich einen Angriff auf ihre Person heraushören. Menschen, die von sich wissen, daß sie nur schwer Rückmeldung ertragen, können sich helfen, indem sie den Sender des Feedbacks um ein wenig Zeit bitten, um auf seine Rückmeldung zu reagieren. Dadurch wird die Möglichkeit geschaffen, erst mal nachzudenken und nicht vorschnell impulsiv zu reagieren und damit möglicherweise die Tür für ein weiterführendes Gespräch zuzuschlagen.

Beispiel: Kollegin sagt zu ihrer Mitarbeiterin:
„Wenn deine Sachen überall herumliegen, stört mich das, weil ich mich in der Pause nicht richtig entspannen kann."
Antwort: „Ich habe gehört, was du gesagt hast, aber ich muß erst darüber nachdenken, bevor ich dir antworte."

Es ist weiter sehr wichtig, nicht zu lange zu warten, wenn die Notwendigkeit besteht, einem anderen Menschen eine

Rückmeldung zu geben. In vielen Fällen werden die anstehenden Probleme nur verschärft, indem sie zwar äußerlich unter den Teppich gekehrt werden, in Wirklichkeit aber die Beziehung untereinander unterschwellig belasten.

Beispiel: Eine Erzieherin hat seit ein paar Tagen das Gefühl, daß im Kindergarten die Atmosphäre im Team sehr gespannt ist. Auf Grund einiger Äußerungen schließt sie, daß die Stimmung etwas mit ihrem Verhalten zu tun hat. Keiner spricht das Problem jedoch offen an, und sie traut sich ebenfalls nicht.

Auf Möglichkeiten und Grenzen der Konfliktlösung mit Hilfe von Ich-Botschaften und aktivem Zuhören wird später noch ausführlich eingegangen.

6.4 Schwierigkeiten beim Formulieren von Ich-Botschaften

In unseren Kursen stellen Erzieherinnen immer wieder fest, daß es sehr schwierig ist, Ich-Botschaften zu formulieren, weil diese Art der Rückmeldung normalerweise nicht üblich ist. Es wird besonders am Anfang als sehr mühsam empfunden, sich die drei Teile zu vergegenwärtigen und in die Rückmeldung mit einzubauen.

Diese Schwierigkeiten sind Anfangsschwierigkeiten und vergehen mit zunehmender Übung. Die drei Teile der Ich-Botschaft sind eine große Hilfe, weil der Sender dadurch eine Art Gerüst hat, an das er sich bei seiner Rückmeldung halten kann. Die drei Teile der Ich-Botschaft können auch auf mehrere Sätze verteilt werden, denn es gelingt unter Umständen nicht immer, nur einen Satz zu formulieren.

Das Senden von Ich-Botschaften erfordert die Fähigkeit, die eigenen Gefühle wahrzunehmen. Viele Erzieherinnen sagen, daß es ihnen wesentlich leichter fällt, auf die Gefühle von anderen zu hören und darauf einzugehen, als die eigenen Gefühle wahrzunehmen. Zitat: „Ich habe immer gelernt, daß alle anderen wichtiger sind als ich. Es fällt mir nicht schwer, auf die Gefühle der anderen zu hören, aber es ist schwer, meine eigenen Gefühle wahrzunehmen."

Eine andere Äußerung: „Eigentlich versuche ich immer

nur, es allen anderen recht zu machen, und übergehe dabei meine eigenen Gefühle und Empfindungen."

Eine andere für viele Erzieherinnen typische Aussage. „Ich möchte keinen Streit und stecke deshalb oft um des lieben Friedens willen zurück."

Vielen Erzieherinnen werden diese Einstellungen im Zusammenhang mit dem Erlernen von Ich-Botschaften bewußt. Viele schrecken davor zurück, anderen eine Rückmeldung zu geben, weil sie befürchten, bestehende Konflikte unter Umständen noch mehr zu verschärfen, wenn sie erst einmal offen ausgesprochen worden sind.

Um offene Konflikte im Kindergarten zu vermeiden, ziehen viele Erzieherinnen es vor, ihren Ärger und ihren Unmut hinunterzuschlucken und ihn einfach zu übergehen. Die Angst vor Konflikten ist also ebenfalls eine große Schwierigkeit beim Formulieren von Ich-Botschaften. Es erfordert für Menschen, die gelernt haben, bei Konflikten lieber zurückzustecken, Mut, ihre Einstellung zu ändern und ein neues Verhalten bei Konflikten zu erproben.

Viele Erzieherinnen haben das Gefühl, sich mit einer Ich-Botschaft bloßzustellen, weil sie offen über ihre Empfindungen und Gefühle sprechen. „Eigentlich will ich nicht, daß andere soviel über mich wissen. Das behalte ich lieber für mich." – „Ich habe das Gefühl, daß ich mich bloßstelle. Was in mir vorgeht, geht keinen etwas an." – „Es kann mir doch auch passieren, daß ein anderer sich über mich lustig macht und meine Gefühle und Empfindungen ins Lächerliche zieht."

Alle diese Bedenken, sich zu öffnen und anderen etwas über sich mitzuteilen, sind verständlich und berechtigt. Viele dieser Bedenken gehen auf alte Erfahrungen zurück und lassen sich nicht von heute auf morgen überwinden. Es kann deshalb hilfreich sein, das Senden von Ich-Botschaften zunächst einmal bei Menschen zu wagen, die uns nahestehen und bei denen keine Bedenken bestehen, sich zu blamieren oder lächerlich zu machen. Die Reaktionen der anderen können Mut machen, sich stückchenweise mehr zu öffnen und sich nach und nach mehr zu getrauen. Zitat einer Erzieherin: „Ich glaube, ich werde die Ich-Botschaften erst mal nur bei den Kindern in der Gruppe anwenden. Da habe ich am wenigsten Angst, über meine Gefühle zu reden.“ Auch diese Vorgehensweise ist geeignet, sich an Ich-Botschaften heranzuwagen und die Wirkung nach und nach zu erproben. Ich-Botschaften sind eine hervorragende Möglichkeit, Kinder auf wirkungsvolle Art und Weise zu konfrontieren.[19]

Die eigenen Gefühle wahrnehmen zu lernen, sie wichtig zu nehmen und anderen Menschen mitzuteilen, ist ein Prozeß, der nicht von heute auf morgen zu bewerkstelligen ist. Wichtig dabei sind die kleinen Schritte und der Mut, Veränderungen anzustreben und Schritt für Schritt zu wagen.

6.5 Die eigenen Grenzen erkennen und respektieren lernen

Erzieherinnen sagen immer wieder, daß es ihnen schwerfällt, sich gegenüber anderen wirkungsvoll abzugrenzen. Zitat: „Manchmal habe ich das Gefühl, daß mir alles über den Kopf wächst. Alle wollen etwas von mir. Ich könnte an vier verschiedenen Stellen gleichzeitig sein!“ Eine andere Erzieherin sagt: „Ich fühle mich oft wie ein Packesel, auf den immer mehr aufgeladen wird!“ Noch ein anderes Zitat: „Eigentlich müßten Erzieherinnen vier Arme haben, damit sie allen Anforderungen auch gerecht werden können.“

Erzieherinnen, die ihren Beruf ernst nehmen und ehrlich versuchen, den Kindern, den Eltern, dem Team, dem Träger und anderen Personen, die mit dem Kindergarten in Verbindung stehen, gerecht zu werden, laufen Gefahr, sich zu verausgaben und im Laufe der Berufsjahre auszubrennen. Besonders Erzieherinnen, die Schwierigkeiten haben, sich anderen gegenüber abzugrenzen, und eher dazu neigen, für andere zu sorgen, sich für andere einzusetzen und sich um deren Wohl zu kümmern, als sich auch auf die eigenen Bedürfnisse und Gefühle zu achten, sind davon besonders betroffen.

Manche Erzieherinnen sind sehr betroffen, wenn sie im Zusammenhang mit den Ich-Botschaften erkennen, wie

[19] Thomas Gordon beschreibt Ich-Botschaften und ihre Wirkung auf Kinder ausführlich in seinen Büchern „Familienkonferenz“ und „Familienkonferenz in der Praxis“.

weit sie sich in der Sorge um andere von sich selbst entfernt haben. Diese Erkenntnis ist jedoch wichtig, damit Veränderungen angestrebt werden können. Alte Verhaltensmuster lassen sich nicht von heute auf morgen ändern, aber es gibt die Möglichkeit, in kleinen und kleinsten Schritten Veränderungen zu bewirken. Dazu zwei Zitate:

Eine Erzieherin: „Wenn wieder alles auf mich einstürmt, versuche ich zu hören, was ich dabei empfinde. Wenn ich merke, daß ich in diesem Moment überfordert bin, sage ich dies auch den anderen, die gerade etwas von mir wollen. Letzthin habe ich mich getraut, dem Träger am Telefon zu sagen, daß ich im Moment nicht telefonieren kann, weil ich gerade in einem Gespräch mit einer Mutter bin. Er hat es akzeptiert, und ich war sehr stolz auf mich, daß ich das geschafft habe."

Eine andere Erzieherin: „Ich habe gelernt, daß ich dann, wenn ich mich selbst und meine Gefühle wichtig nehme, mich besser abgrenzen kann. Früher war es üblich, daß eine Mutter sich ständig im Gruppenraum aufgehalten hat und einfach nicht gehen wollte. Ich wußte, daß sie sich zu Hause sehr allein fühlte und auf diese Weise den Kontakt zu mir gesucht hat. Ich wollte sie nicht vor den Kopf stoßen, aber andererseits waren ja auch immer die Kinder da, die mich brauchten und die meine Aufmerksamkeit erforderten. Ich selbst hatte auch nicht unbedingt Lust, jeden Tag mit ihr zu reden. Eines Tages nun wurde mir klar, wie sehr ich mein eigenes Gefühl unterdrückte, um sowohl der Mutter als auch den Kindern gerecht zu werden. So entschloß ich mich, eine Ich-Botschaft zu senden. Ich erklärte ihr, was in mir vorging, und sagte etwa: Wenn wir jeden Vormittag solange reden, komme ich sehr unter Druck, weil die Kinder ja auch meine Aufmerksamkeit auf sich lenken wollen. Vielleicht können wir eine andere Regelung finden. Die Mutter hat es verstanden, und so sind wir übereingekommen, daß sie manchmal im Kindergarten hilft und ich ihr außerdem sage, wenn ich Zeit für einen kleinen Plausch habe."

Dies waren nur zwei Beispiele für kleine Schritte, die Erzieherinnen auf dem Weg gewagt haben, sich selbst mehr wahrzunehmen, auf sich zu achten und sich wirkungsvoll abzugrenzen, ohne andere dabei zu kränken und zu verletzen. Dieser Weg ist ein Prozeß und nur in kleinen Schritten zu bewältigen, aber mit jedem kleinen Erfolg wächst auch der Mut, wieder etwas Neues zu riskieren.

In diesem Zusammenhang soll nochmals ein Abschnitt aus „Momo" von Michael Ende zitiert werden:

Beppo Straßenkehrer teilt hier der kleinen Momo seine Gedanken mit, die er sich macht, während er die Straße fegt:

„Siehst du, Momo“, sagte er dann zum Beispiel, „es ist so: Manchmal hat man eine sehr lange Straße vor sich. Man denkt, die ist so schrecklich lang; das kann man niemals schaffen, denkt man.“ Er blickte eine Weile schweigend vor sich hin, dann fuhr er fort: „Und dann fängt man an, sich zu eilen. Und man eilt sich immer mehr. Jedesmal, wenn man aufblickt, sieht man, daß es gar nicht weniger wird, was noch vor einem liegt. Und man strengt sich noch mehr an, man kriegt es mit der Angst, und zum Schluß ist man ganz außer Puste und kann nicht mehr. Und die Straße liegt immer noch vor einem. So darf man es nicht machen.“

Er dachte eine Weile nach. Dann sprach er weiter: „Man darf nie an die ganze Straße auf einmal denken, an den nächsten Atemzug, an den nächsten Besenstrich. Und immer wieder nur an den nächsten.“

Wieder hielt er inne und überlegte, ehe er hinzufügte: „Dann macht es Freude; das ist wichtig, dann macht man seine Sache gut. Und so soll es sein.“[20]

[20] M. Ende, Momo, 1973, S. 36.

7 Mit Konflikten umgehen lernen

Um sich bewußtzumachen, welche Gefühle eine Rolle spielen, wenn es Konflikte im Kindergarten gibt, ist folgende Übung gut geeignet:

Übung

In der Mitte liegt ein großes Stück Papier, und die Teilnehmerinnen sitzen im Kreis, entweder auf Stühlen oder auf dem Boden.

Es findet nun ein Brainstorming statt zu dem Thema: „Was fällt mir ein, wenn ich an Konflikte denke?"

Brainstorming bedeutet, daß jeder frei assoziieren kann, was ihm in diesem Fall zum Thema „Konflikt" einfällt. Die einzelnen Begriffe werden auf das Papier in der Mitte geschrieben. Es ist wichtig, sich bei dieser Arbeit Zeit zu nehmen und sich genügend Raum zu gönnen, um zu überlegen und dem nachzuspüren, was der Gedanke an Konflikt auch gefühlsmäßig auslöst.

Folgendes Bodenplakat (Seite 114) wurde in einer Fortbildungsgruppe von den Erzieherinnen erarbeitet.

Auswertung der Übung

An Hand dieses Bodenplakates wird deutlich, wie viele Gefühle sich mit dem Begriff „Konflikt" verbinden. Viele entwickeln körperliche Symptome, indem die Hände feucht werden, sich Kopfschmerzen einstellen, Herzklopfen auftaucht und anderes mehr.

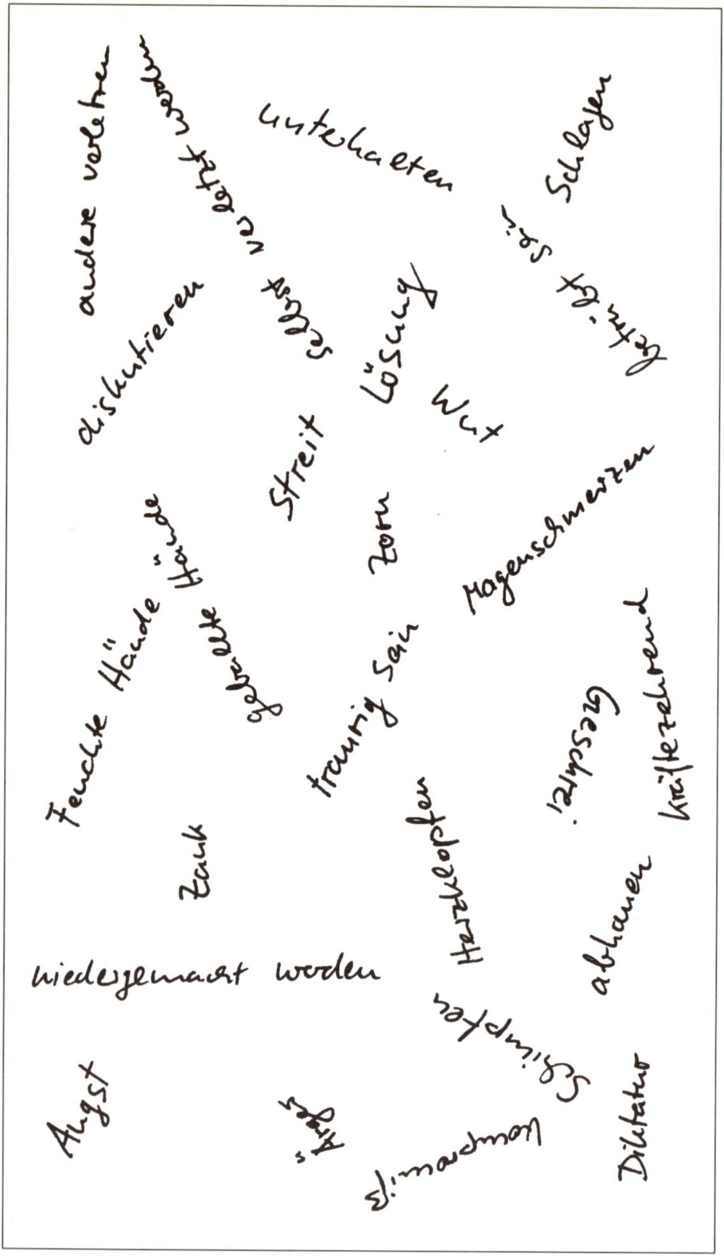
andere verletzen
unterhalten
Schlagen
diskutieren
Lösung
Wut
Streit
Zorn
Magenschmerzen
Feuchte Hände
traurig sein
Zank
Herzklopfen
abhauen
niedergemacht werden
Angst
Diktatur

Weiter gibt es viele Ängste und Befürchtungen im Zusammenhang mit Konflikten. Auf der einen Seite ist es die Angst, niedergemacht oder verletzt zu werden, auf der anderen Seite aber auch die Befürchtung, andere zu kränken und klein zu machen.

Angesichts dieser überwiegend belastenden Gefühle, die sich im Zusammenhang mit Konflikten einstellen, ist es verständlich, daß viele Menschen es vermeiden, Konflikte überhaupt erst aufkommen zu lassen. Viele haben im Laufe ihres Lebens immer wieder die Erfahrung machen müssen, daß das Austragen von Konflikten eher zu einer Verschärfung der Konflikte beigetragen hat, als daß eine konstruktive Lösung des Konfliktes erreicht werden konnte. Manche Menschen sind der Meinung, daß Konflikte in einer guten Beziehung überhaupt nicht vorkommen dürfen, und sie tun deshalb alles, um Konflikte zu vermeiden und sie nicht offen zutage treten zu lassen.

Ungelöste Konflikte sind aber in Wirklichkeit nicht aus der Welt geschafft, wenn nicht darüber gesprochen wird und sie eher unter den Teppich gekehrt werden. Es verlangt allen Beteiligten viel Kraft ab, ständig ihren Ärger zu unterdrücken und mit der Wut im Bauch zu leben, ohne sich einmal Luft machen und die Gründe für den Ärger beseitigen zu können. Viele Menschen müssen sich verstellen, um ihre wirklichen Gefühle zu verbergen, und richten ihr Handeln danach aus, wie sie glauben, daß der andere sie sehen möchte. Ihr Verhalten wird fassadenhaft und unecht, weil sie sich ständig kontrollieren müssen. Dazu kommt die Gefahr, daß die Kommunikation zweideutig wird, indem zum Beispiel der Gesichtsausdruck nicht mit der verbalen Reaktion übereinstimmt. Der Partner weiß dann nicht mehr, wo er dran ist, und fragt sich, ob er nun auf die Worte oder den Gesichtsausdruck reagieren soll. So können double-binds entstehen, die die weitere Kommunikation unter Umständen belasten.

Beispiel: Die Praktikantin ärgert sich schon seit längerer Zeit über die Gruppenleiterin, weil sie sich von ihr herumgeschickt und dadurch nicht für voll genommen fühlt.

Aus Angst davor, nach Ablauf des Praktikums schlecht beurteilt zu werden, wagt sie nicht, ihren Ärger der Gruppenleiterin gegenüber zum Ausdruck zu bringen. Als die Gruppenleiterin sie eines Tages wieder in die Küche schickt, um etwas zu holen, sagt sie zwar „ja“ und kommt dem Auftrag nach, zeigt aber mit ihrem Gesichtsausdruck deutlich, wie verärgert sie in Wirklichkeit über das Verhalten der Gruppenleiterin ist.

Wenn Konflikte lange unterdrückt und Zorn und Ärger über einen langen Zeitraum aufgestaut werden, kann ein geringfügiger Anlaß eine Art Explosion bei den Betroffenen hervorrufen. Dieser Anlaß ist dann der schon einmal erwähnte berühmte Tropfen, der das Faß zum Überlaufen bringt. Die anderen, die ja oft überhaupt nichts von dem Konflikt bemerkt haben, sind dann wie vor den Kopf gestoßen und fragen sich, wie es geschehen kann, daß ein nichtiger Anlaß solche starken Gefühlsausbrüche hervorrufen kann.

Nur ein offenes Gespräch kann helfen, konstruktiv und befriedigend mit Konflikten umzugehen. Aktives Zuhören und das Senden von Ich-Botschaften können dabei eine große Hilfe sein.

Im folgenden Abschnitt werden zwei Konfliktsituationen dargestellt und Möglichkeiten aufgezeigt, wie Konfliktgespräche mit Hilfe von aktivem Zuhören und Ich-Botschaften geführt werden können. Beide Konflikte haben sich wirklich im Kindergarten ereignet und wurden von den Teilnehmerinnen in unseren Kursen als Grundlage für Rollenspiele genommen. Rollenspiele bieten eine gute Möglichkeit, Beispiele aus der Praxis zu untersuchen, neue Möglichkeiten der Gesprächsführung einzuüben und auf ihre Wirksamkeit und Realisierbarkeit hin zu überprüfen. Die Ergebnisse der Rollenspiele sollen hier dargestellt werden.

Im ersten Fallbeispiel geht es um einen Konflikt im Team, der durch die Berufspraktikantin bei einer Teamsitzung offen zutage tritt. Bei dem zweiten Fallbeispiel wird ein Konflikt zwischen den Eltern und dem Team bearbeitet. Es geht um die unterschiedlichen Vorstellungen von Eltern und Erzieherinnen zu Thema „Vorschulerziehung“.

7.1 Konfliktgespräch im Team

Das Team sitzt im Kindergarten zusammen, um über das bevorstehende Sommerfest zu reden. Der Tisch ist gedeckt, Kaffee und etwas zu essen stehen auf dem Tisch. Die Teambesprechung geht dem Ende zu, und die Leiterin will gerade noch die Ergebnisse der Teambesprechung zusammenfassen. Plötzlich schlägt die Berufspraktikantin mit der Faust auf den Tisch und äußert lautstark: „Was ich sage, das zählt ja doch nicht und wird nicht beachtet!" Das Geschirr klappert auf dem Tisch, alle erschrecken, und es entsteht zunächst einmal Stille im Raum. Keiner sagt ein Wort, alle schauen nur ungläubig auf die Berufspraktikantin.

Im Team entwickelt sich nun folgendes Gespräch:

Leiterin:	Wenn Sie so einen Wutausbruch bekommen, bin ich ziemlich schockiert und ratlos, weil ich nicht weiß, was ich damit anfangen soll. (Ich-Botschaft)
Praktikantin:	Es tut mir leid, daß mir das passiert ist. Ich wollte die Gläser nicht umwerfen.
Leiterin:	Es ist ja nichts weiter passiert. Aber Sie sind im Augenblick sehr wütend und haben sich über irgendwas sehr geärgert. (Aktives Zuhören)
Praktikantin:	Ja, ich habe das Gefühl, daß meine Beiträge nicht von Bedeutung für das Team sind.
Frau S:	Sie fühlen sich nicht genug von uns beachtet. (Aktives Zuhören)
2. Praktikantin:	Das kann ich verstehen, weil es mir genauso geht. Ich merke immer mehr, daß nur das, was Frau D. und Frau S. sagen, etwas zählt, und wir genausogut überhaupt nichts zu sagen brauchen.
Leiterin:	Sie meinen, daß ich mehr Wert auf die Meinung von Frau D. und Frau S. lege, und ihre Meinung geringer schätze. (Paraphrasieren)

Beide Praktikantinnen nicken.

Leiterin:	Im Moment fällt es mir schwer, nachzuvollziehen, was Sie meinen. Können Sie mir ein Beispiel nennen? (Bitte um weitere Erklärungen)
Praktikantin:	Zum Beispiel eben. Wir haben über das Som-

merfest gesprochen, und jeder sollte sagen, was er sich zu diesem Thema überlegt hat. Unsere Vorschläge wurden zwar angehört, aber überhaupt nicht diskutiert, während die Vorschläge von Frau S. und Frau D. gleich aufgegriffen wurden.

Leiterin: Jetzt verstehe ich, was Sie meinen. Frau S., Frau D. und ich arbeiten schon sehr lange zusammen und sind bereits ein eingespieltes Team. Ich habe ehrlich gesagt noch nie darüber nachgedacht, daß andere sich dadurch ausgeschlossen und mißachtet fühlen könnten. (Aktives Zuhören, Erklärungen)

Praktikantin: Ja, wir haben keine Lust, uns Gedanken zu machen, um hinterher die Erfahrung machen zu müssen, daß unsere Beiträge eh nicht von Bedeutung sind und nichts zählen.

Frau D.: Ich denke, uns sind da Fehler unterlaufen, ohne daß wir darüber nachgedacht haben.

Praktikantin: Vielleicht kann man ja noch etwas ändern.

Leiterin: Ich denke, daß diese Sitzung für die Planung des Sommerfestes nicht allzuviel gebracht hat. Aber für unser Team war diese Sitzung sehr wichtig, und ich danke Ihnen, daß Sie so offen Ihre Meinung gesagt haben.

Praktikantin: Jetzt bin ich auch ziemlich erleichtert, weil ich etwas gesagt habe. Ich wollte es schon lange tun, hatte aber Angst davor, weil ich nicht wußte, wie ich mich ausdrücken sollte. Ich bin ja schließlich nur Praktikantin.

Frau S.: Das sehe ich nicht so. Es tut uns mal ganz gut, wenn im Kindergarten ein frischer Wind weht.

Leiterin: Die Mittagspause ist herum. Ich schlage vor, daß wir uns morgen noch mal zusammensetzen und besprechen, was wir nun wirklich am Sommerfest machen. Aber dann werden alle Vorschläge diskutiert.

Auswertung des Gesprächs

Bei der geschilderten Teamsitzung entsteht zunächst eine sehr brisante Situation, als die Berufspraktikantin ihrem Ärger Luft macht und mit der Faust auf den Tisch haut. Der Konflikt bricht für die anderen Teammitglieder unvermittelt aus, während er jedoch schon längere Zeit unter der Oberfläche verborgen war. Die Praktikantin hatte mit ihrer Enttäuschung und ihrem Ärger bisher hinter dem Berg gehalten, da sie sich nicht getraute, das Problem offen anzusprechen. In der geschilderten Teamsitzung ist nun das Faß übergelaufen, und die Praktikantin ist mit ihrem Ärger unkontrolliert herausgeplatzt. Das übrige Team reagiert zunächst mit Betroffenheit und Entsetzen, keiner sagt ein Wort. Die Praktikantin ist selbst ebenfalls schockiert, und es entsteht der Eindruck, als wollte sie das, was geschehen ist, am liebsten ungeschehen machen. Die Leiterin reagiert jedoch nicht mit Vorwürfen oder weist die Praktikantin wegen ihres Verhaltens zurecht. Auch die anderen Kolleginnen reagieren eher mit Betroffenheit und nicht mit Abwehr und Hinweisen auf das „ungehörige“ Verhalten der Praktikantin. Die Leiterin antwortet zunächst mit einer Ich-Botschaft und wendet im Gespräch immer wieder aktives Zuhören an. Auch die beiden anderen Kolleginnen hören aktiv zu und zeigen damit ihre Bereitschaft, auf die Praktikantinnen einzugehen.

Die Kolleginnen, die schon seit längerer Zeit zusammenarbeiten, geben durch dieses Gesprächsverhalten beiden Praktikantinnen die Möglichkeit, über ihr Anliegen zu sprechen. Durch die Offenheit der Praktikantinnen und die Gesprächsbereitschaft der Kolleginnen, die auch bereit waren, sich mit einer zwar unsachlich vorgebrachten, im Kern aber berechtigten Kritik selbstkritisch auseinanderzusetzen, ist es zu einer sehr befriedigenden Konfliktlösung gekommen.

In der wirklichen Situation im Kindergarten ist die Konfliktlösung an der mangelnden Gesprächsbereitschaft der Erzieherinnen gescheitert, die im Grunde keinen frischen Wind im Kindergarten wollten und deshalb die Ideen der Praktikantinnen eher als störend angesehen haben.

An diesem Beispiel wird deutlich, wie wichtig die Gesprächsbereitschaft und die selbstkritische Auseinandersetzung mit der eigenen Person sind, auch dann, wenn Kritik unangemessen und unsachlich vorgetragen wird.

Ferner wird deutlich, daß es ein hohes Maß an Kompetenz erfordert, Konflikte konstruktiv zu lösen und auszutragen. Diese Art der Konfliktlösung ist erreichbar, wenn die am Konflikt Beteiligten bereit sind, Kritik anzunehmen, über sich nachzudenken, den anderen zuzuhören und sie mit ihren Anliegen ernst zu nehmen. Fehler zugeben können ist ein Zeichen von innerer Stärke und keineswegs von Schwäche, wie viele von uns fälschlicherweise gelernt haben. Ebenso wichtig ist es, anderen Menschen Fehler zugestehen zu können und ihnen die Möglichkeit zu geben, ihre Fehler wiedergutzumachen. Vielleicht kann dieses Beispiel Mut machen, auch einmal im eigenen Team über konstruktive Möglichkeiten der Konfliktbewältigung nachzudenken und dabei aktives Zuhören und Ich-Botschaften anzuwenden.

Es gibt jedoch auch Teams, in denen die Kommunikation untereinander sehr festgefahren ist und die einzelnen Teammitglieder nur noch sehr schwer miteinander reden können. In diesem Fall kann es sinnvoll sein, sich einen Supervisor oder einen anderen Außenstehenden zu suchen und mit seiner Hilfe zu versuchen, wieder zu einer Verständigung und zu einer gemeinsamen Arbeitsgrundlage zu kommen.

7.2 Konfliktgespräch zwischen Team und Eltern

Fallbeispiel: Seit längerer Zeit schwelt im Kindergarten ein Konflikt zwischen der Elternschaft und dem Team. Es geht um die Vorschulerziehung. Die Eltern stehen beim Abholen vor der Tür und teilen sich gegenseitig ihren Unmut über die pädagogische Arbeit im Kindergarten mit. Sie sind der Meinung, daß im Kindergarten zu viel gespielt und zu wenig gelernt wird. Das Team entschließt sich deshalb, einen Elternabend anzuberaumen und auch den Träger (Pfarrer) dazu einzuladen.

Der Elternabend entwickelt sich folgendermaßen:

Pfarrer: Ich begrüße Sie alle sehr herzlich zu unserem Elternabend zum Thema „Vorschulerziehung im Kindergarten". Um endlich alle Unstimmigkeiten zu beseitigen, ist es uns wichtig gewesen, alle Betroffenen an einen Tisch zu rufen und gemeinsam über die anliegenden Probleme zu sprechen. Vielleicht sollten zuerst einmal die Eltern zu Wort kommen.

Mutter: Ich möchte zunächst einmal meine Unzufriedenheit über die Arbeit im Kindergarten zum Ausdruck bringen. Ich frage mich, was Sie überhaupt den ganzen Tag über machen.

Mutter: Da bin ich ganz Ihrer Meinung. Im Kindergarten in P. bringen die Kinder fast jeden Tag etwas Gebasteltes mit nach Hause.

Vater: Ja, und dann die Vorschulerziehung! Die Kinder können hier anscheinend machen, was sie wollen. Als unser Ältester im Kindergarten war, da wurde wirklich noch etwas gelernt.

Mutter: Und wenn schönes Wetter ist, sitzen die Erzieherinnen in der Sonne und lassen die Kinder spielen. So einen Job möchte ich auch mal haben.

Leiterin: Wenn Sie alle auf einmal so auf uns einreden und dem Team so massive Vorwürfe machen, fühle ich mich abgewertet und klein gemacht und frage mich, wie wir so zu einem befriedigenden Gespräch kommen sollen. (Ich-Botschaft)

Vater: Sie müssen schließlich verstehen, daß sich bei uns in der letzten Zeit einiger Ärger angestaut hat, den wir hier auch mal zur Sprache bringen müssen.

Leiterin: Das verstehe ich gut. Auf der anderen Seite hat es uns in der letzten Zeit sehr zu schaffen gemacht, daß die Eltern untereinander über den Kindergarten gesprochen haben, da wir uns dadurch zu den einzelnen Kritikpunkten nicht äußern konnten. (Ich-Botschaft).

Pfarrer: Ich habe den Eindruck, daß in der letzten Zeit auf beiden Seiten einiger Ärger aufgestaut wurde. Deshalb ist es wichtig, jetzt endlich über die strittigen Punkte zu sprechen.

Erzieherin: Ich habe den Eindruck, daß Sie sich Sorgen darüber machen, ob die Kinder später in der Schule zurechtkommen werden. (Aktives Zuhören)

Mutter: Ja, genau. Die Anforderungen werden immer höher, und ich finde, man kann überhaupt nicht früh genug damit anfangen, die Kinder auf die Schule vorzubereiten.

Mutter: Immer, wenn ich Michaela frage, was sie im Kindergarten macht, sagt sie regelmäßig: „Nichts".

Erzieherin: Kinder reagieren oft so, weil sie vielleicht im Moment nicht darüber reden wollen oder es ihnen vielleicht nicht gleich auf Anhieb einfällt. Gerade Michaela ist ein ausgesprochen aktives Kind im Kindergarten. (Sachinformation)

Mutter: Ja wirklich?

Leiterin: Ich glaube, es ist wichtig, daß wir Ihnen einfach einmal mehr über unsere Arbeit im Kindergarten erzählen. Dabei möchte ich gleich auf die Vorschulerziehung eingehen, weil ich den Eindruck habe, daß Ihnen dieser Punkt besonders am Herzen liegt. (Aktives Zuhören)

Eltern nicken.

Erzieherin: Früher wurde in diesem Kindergarten Vorschulerziehung mit Hilfe von Arbeitsmappen und Arbeitsblättern durchgeführt. Aber mittlerweile haben wir andere Formen in der Arbeit entwickelt, durch die wir unserer Meinung nach die Kinder noch sinnvoller fördern können.

Vater: Aber bei den Mappen wußte man wenigstens, wo man dran war. Da haben die Kinder geschnitten und gebastelt, Schreibschwungübungen gemacht, und wir Eltern haben zu Hause auch mal Ergebnisse gesehen. Außerdem konnten die Kinder stillsitzen üben, was ja in der Schule später wichtig ist.

Erzieherin: Alles, was Sie an positiven Seiten der Mappen aufführen, haben auch wir bei unserem Konzept im Auge. Ich möchte Ihnen das gerne an einem Beispiel verdeutlichen.

Eltern nicken.

Erzieherin: Sie wissen, daß wir seit zwei Monaten das Thema „Umweltschutz" im Kindergarten durchführen.

Mutter: Ja, Kurt hat so was erzählt.

Erzieherin: Im Rahmen dieses Projektes führen wir mit den Kindern die verschiedensten Aktivitäten durch. Dazu gehören Gruppengespräche, Bilderbuchbetrachtungen, Bastelarbeiten, Exkursionen zum Beispiel zur Mülldeponie, um nur einige zu nennen.

Die Kinder sitzen bei diesen Aktivitäten genauso wie bei den Arbeitsmappen über einen längeren Zeitraum still, lernen bei den Bastelarbeiten zu diesem Thema exakt aufzumalen und auszuschneiden. Im Unterschied zu den Arbeitsmappen, die wir früher verwendet haben, sind diese Aktivitäten aber eingebunden in einen thematischen Zusammenhang, an dem die Kinder interessiert sind. (Sachinformationen)

Vater: Das klingt eigentlich ganz einleuchtend.

Erzieherin: Ich möchte Ihnen zur Veranschaulichung gerne einmal den kleinen Mülleimer zeigen, den wir in diesem Zusammenhang mit den Kindern hergestellt haben (zeigt den Mülleimer). Wenn Sie ihn sich einmal genauer anschauen, können Sie feststellen, wie exakt die Eimer aufgemalt und zugeschnitten sein müssen, damit am Schluß alle Teile zusammenpassen. (Sachinformationen)

Mutter: Mußten denn alle Kinder so einen Eimer basteln? Ich kann mich nicht erinnern, daß Irene so einen Eimer mit nach Hause gebracht hätte.

Leiterin: Alle Mülleimer sind im Kindergarten geblieben und werden von den Kindern auch gerne für kleinere Papierabfälle benutzt. Die Kinder sind sehr stolz darauf und werden so langsam zu einem verantwortlichen Umgang mit dem Müll erzogen. (Sachinformationen)

Pfarrer: Ich denke, das Thema ist ja wirklich von großer Bedeutung für uns alle.

Vater: Das ist ja alles ganz schön und gut, aber ich finde trotzdem, daß dieses Thema nach zwei Monaten nun wirklich erschöpfend behandelt worden ist.

Erzieherin: Nach unserer Vorstellung soll dieses Thema übergeordnet noch lange Zeit im Kindergarten weitergeführt werden, da es so bedeutsam ist und die Kinder immer wieder zu einem bewußten Umgang mit Umweltschutzfragen erzogen werden sollen. Ich höre jedoch aus Ihrer Frage heraus, daß sie besorgt sind, daß andere Themen zu kurz kommen. (Sachinformation/aktives Zuhören)

Vater: Es gibt schließlich noch mehr Themen.

Leiterin: Das Thema „Umweltschutz" ist, wie schon erwähnt, ein übergeordnetes Thema. Es ist bei uns so, daß oft mehrere Projekte nebeneinander laufen, je nachdem, welche Themen gerade für die Gruppe von Bedeutung sind. (Sachinformation)

Mutter: Können Sie das mal näher erklären?

Erzieherin: Im Augenblick werden wieder neue Kinder in die Gruppe aufgenommen, die besondere Unterstützung brauchen. Eines unserer im Moment laufenden Projekte heißt also. „Integration der neuen Kinder in der Gruppe.“ Jedes neue Kind hat ein Patenkind bekommen, um ihm den Einstieg im Kindergarten zu erleichtern. Die Patenkinder lernen auf diese Art, Verantwortung mitzutragen und sich wirklich um ein anderes Kind zu kümmern. Andere Aktivitäten sind zum Beispiel Rollenspiele und Gruppengespräche zu diesem Thema, wobei beispielsweise der Frage nachgegangen werden kann, wie man sich selbst als neues Kind in der Gruppe fühlen würde. (Sachinformation)

Mutter: Eigentlich ist es heute das erste Mal, daß ich ein wenig Einblick in die Arbeit im Kindergarten bekommen habe.

Leiterin: Ich freue mich, wenn es uns gelungen ist, Ihnen mehr Einblick in unsere Arbeit zu geben. Ich schlage vor, daß wir weiter im Gespräch bleiben und wir in der nächsten Zeit Elternabende zu den verschiedenen Projekten anbieten. Dann haben Sie auch Gelegenheit, noch offene Fragen anzusprechen. Außerdem haben Sie die Möglichkeit, im Kindergarten zu hospitieren, um sich selbst einen unmittelbaren Eindruck von unserer Arbeit zu verschaffen. (Versprachlichung des eigenen Gefühls, Sachinformationen, Angebot zur weiteren Zusammenarbeit)

Vater: Ich denke, der Abend war sehr informativ, aber es sind, wie Sie sagen, sicher noch einige Fragen offengeblieben.

Pfarrer: Den Vorschlag der Erzieherinnen, die verschiedenen Themenbereiche an einem anderen Elternabend ausführlicher darzustellen, finde ich gut, und auch das Angebot, im Kindergarten zu hospitieren. Wenn auch nicht alle Fragen und Unklarheiten ausgeräumt sind, ist doch eine Basis für eine weitere Zusammenarbeit entstanden.

Auswertung des Gesprächs

Nach den einleitenden Worten des Pfarrers wird das Team von den Eltern in scharfer und unsachlicher Form kritisiert. Die Leiterin reagiert darauf, indem sie die Eltern zunächst reden läßt und dann eine Ich-Botschaft sendet. Sie läßt sich nicht in eine Verteidigungshaltung drängen und reagiert nicht genauso unsachlich wie die Eltern selbst. Mit der Ich-Botschaft macht sie den Eltern deutlich, was ihr im Augenblick mißfällt, was gefühlsmäßig in ihr vorgeht, und welche Auswirkungen das unsachliche Verhalten der Eltern möglicherweise hat. Den Eltern ist damit schon der erste Wind aus den Segeln genommen, weil sich die Leiterin in keiner Weise so verhält, wie sie es erwartet haben. Der Vater macht im Anschluß an die Ich-Botschaft keine weiteren Vorwürfe, sondern versucht, das Verhalten der Eltern zu erklären. Das Gespräch hat schon zu diesem Zeitpunkt ein wenig die Richtung gewechselt, und den Eltern wird klar, wie verletzend und wenig konstruktiv der Einstieg in das Gespräch von ihrer Seite aus war. Die Leiterin reagiert auf die Äußerung des Vaters verständnisvoll, macht aber mit ihrer zweiten Ich-Botschaft auf akzeptable Weise deutlich, daß auch sie in der letzten Zeit nicht mit dem Verhalten der Eltern einverstanden war und was das Verhalten der Eltern für sie bedeutet hat.

Der Pfarrer greift das, was beide Seiten vorgebracht haben, auf und fordert alle Beteiligten auf, endlich miteinander zu reden, um die bestehenden Unklarheiten zu beseitigen.

Die Erzieherin wendet aktives Zuhören an und signalisiert damit den Eltern, daß sie bereit ist, zuzuhören und sich mit den Sorgen der Eltern auseinanderzusetzen.

Die Eltern können nun ihre wirklichen Ängste und Befürchtungen vorbringen, und die Erzieherinnen haben die Gelegenheit, ihr pädagogisches Konzept darzustellen und auf die Fragen der Eltern einzugehen.

Bei allen Diskussionen mit Eltern um die Planung der pädagogischen Arbeit im Kindergarten ist es unbedingt wichtig, daß die Eltern sich ernst genommen und verstanden fühlen. Es kommt oft vor, daß sich hinter dem lautstark geäußerten Ärger der Eltern in Wirklichkeit die Sorge um die Kinder verbirgt. Es ist wichtig, an die wirklichen Gefühle der Eltern heranzukommen und darauf einzugehen. Ebenso ist es auch wichtig, sich gegenüber unangemessenen Forderungen und unsachlicher Kritik abzugrenzen. Ich-Botschaften bieten dafür eine gute Möglichkeit, weil dadurch das Spiel von Beschuldigung und Gegenbeschuldigung, von Vorwurf und Gegenvorwurf unterbrochen und eine mehr sachliche Dimension in die erhitzte Diskussion eingebracht wird.

Gleichzeitig machen Ich-Botschaften den Konfliktpartnern deutlich, daß es bei allem Ärger und Unmut wichtig ist, die persönlichen Grenzen des anderen zu respektieren und ihn nicht herabzusetzen und zu beleidigen.

Ich-Botschaften und aktives Zuhören haben außerdem in dem vorher dargestellten Gesprächsbeispiel dazu beigetragen, daß die Möglichkeit für eine Auseinandersetzung auf der Sachebene möglich wurde. Die Erzieherinnen waren auf dieses Gespräch fachlich sehr gut vorbereitet und haben es verstanden, durch praktische Beispiele den Eltern ihre Arbeit im Kindergarten transparent zu machen. Es wäre nicht möglich gewesen, diesen Konflikt nur mit aktivem Zuhören und Ich-Botschaften zu lösen. Die Eltern hätten sich dann an der Nase herumgeführt gefühlt und wären noch mehr verärgert gewesen, denn sie haben ein Recht darauf, zu erfahren, wie die pädagogische Arbeit im Kindergarten gestaltet wird.

Auch in diesem Beispiel ist deutlich geworden, daß es möglich ist, mit Hilfe von aktivem Zuhören und Ich-Botschaften Konflikte konstruktiv anzugehen und zu lösen. In diesem Fall spielten jedoch auch die Sachargumente eine außerordentlich wichtige Rolle.

Wichtig war auch, daß das Team eine gemeinsame Linie verfolgte und den Eltern gemeinsam die pädagogische Arbeit des Kindergartens erklären konnte. Es ist sehr schwierig, die pädagogische Arbeit vor anderen einleuchtend und glaubwürdig zu vertreten, wenn im Team keine Einigkeit herrscht, Konkurrenz untereinander besteht und auf diese

Weise keine gemeinsame Basis für die Eltern erkennbar wird.

Konstruktive Gespräche im Team, die in Achtung und Respekt vor den anderen und deren Meinung geführt werden, können zu einer Verständigung beitragen. Es kann auch sinnvoll sein, sich die Hilfe eines Supervisors oder Fachberaters zu suchen, wenn die gegenseitige Verständigung nur sehr schwer möglich ist.

8 Das Gespräch mit Eltern suchen

Im Kindergartenalltag ist es immer wieder notwendig, das Gespräch mit den Eltern zu suchen, weil das Kind im Kindergarten auffällig wird und Hilfe braucht. Manche Kinder sind unkonzentriert und können nicht bei der Sache bleiben, andere Kinder entwickeln sich in der Motorik nicht altersgemäß, bei anderen Kindern treten Sprachstörungen auf, manche verhalten sich ständig aggressiv gegenüber den anderen Kindern, und wieder andere ziehen sich auffällig zurück, um nur einige Beispiele zu nennen.

Erzieherinnen stehen nun vor der Aufgabe, ein Gespräch mit den Eltern zu suchen, um mit ihnen über ihr Kind zu sprechen.

Erzieherinnen in unseren Kursen beschreiben oft eine große eigene Unsicherheit im Bezug auf Beratungsgespräche, die auf Initiative der Erzieherinnen stattfinden sollen. Sie sind unsicher, wie sie so mit den Eltern reden können, daß wirklich alles, was notwendig ist, zur Sprache kommt, die Eltern dabei aber nicht vor den Kopf gestoßen und verletzt werden. Eltern können sehr betroffen reagieren, wenn es sich um ihr Kind handelt, und fühlen sich möglicherweise selbst in ihrer Rolle als Eltern angegriffen. Es kann auch vorkommen, daß Eltern versuchen, das Problem zu bagatellisieren, um sich nicht weiter damit auseinandersetzen zu müssen. Bagatellisierungen sind nicht in jedem Fall ein Ausdruck von Gleichgültigkeit, sondern es kann sich dahinter in Wirklichkeit auch eine tiefe Sorge der Eltern um ihr Kind verbergen.

Erzieherinnen erzählen im Kurs auch immer wieder von Eltern, die Auffälligkeiten bei ihren Kindern herunterspielen oder leugnen, obwohl sie für jeden anderen augenfällig sind. Es fällt manchen Eltern unsagbar schwer, die Realität so anzuerkennen, wie sie ist, und sie helfen sich deshalb, indem sie die Probleme nicht an sich herankommen lassen und möglicherweise auch wirklich nicht sehen wollen.

Voraussetzung für jedes Gespräch, das Erzieherinnen mit Eltern führen, ist die Schweigepflicht. Eltern müssen sicher sein können, daß das, was sie im Gespräch sagen, auch bei der Erzieherin bleibt und nicht nach außen getragen wird.

Es ist nicht einfach, mit Eltern darüber zu reden, daß das Kind in irgendeiner Form auffällig im Kindergarten ist. Deshalb ist es wichtig, sich gut auf Elterngespräche vorzubereiten und möglicherweise auch mit Kolleginnen darüber zu sprechen. Eine gute Vorbereitung kann das Gespräch sehr erleichtern.

8.1 Hilfen zur Vorbereitung auf ein Gespräch

Die folgenden Fragen können sehr hilfreich bei der Vorbereitung auf ein Gespräch sein:

1. Fragen im Bezug auf die Inhalte des geplanten Gesprächs:
Was möchte ich den Eltern inhaltlich sagen? Was sind meine Beobachtungen? Ist es sinnvoll, mit anderen Kolleginnen über meine Beobachtungen zu sprechen und sie auf diese Weise noch mal zu überprüfen? Was genau ist der Anlaß für das von mir als notwendig angesehene Gespräch? Gibt es wichtige Einzelheiten oder Beispiele, mit denen ich den Eltern verdeutlichen kann, was ich meine?

2. Fragen im Bezug auf die Ziele des geplanten Gesprächs:
Was möchte ich mit dem Gespräch erreichen? Was sind meine Ziele? Sind die Ziele realistisch oder vielleicht zu hoch gesteckt? Ist es sinnvoll, darüber im Team zu oder mit einer Kollegin zu sprechen.

3. Fragen im Bezug auf die eigenen Gefühle und Empfindungen:
Welche Gedanken und Gefühle habe ich, wenn ich an das Gespräch denke? Was weiß ich selbst von den Eltern, was habe ich vielleicht nur von anderen gehört? Habe ich möglicherweise Angst, wenn ich an das Gespräch denke, oder fällt es mir leicht, mit den Eltern zu reden? Wie erwarte ich, daß die Eltern möglicherweise auf das Gespräch reagieren werden?

4. Fragen im Bezug auf den Einstieg in das geplante Gespräch:
Wie fange ich das Gespräch an? Beginne ich mit der Schilderung der Sachlage und beschreibe den Eltern meine Beobachtungen? Beginne ich damit, daß ich ein eigenes Gefühl zum Ausdruck bringe, zum Beispiel die Sorge um das Kind, oder Erleichterung, daß das Gespräch stattfindet? Oder ist es sinnvoll, das Gespräch mit aktivem Zuhören zu beginnen?

5. Fragen im Bezug auf die Rahmenbedingungen des geplanten Gesprächs:
Welchen Rahmen kann ich schaffen, damit das Gespräch in einer förderlichen Atmosphäre stattfindet? Welcher Raum steht zur Verfügung? Welche Zeit ist günstig? Was müssen möglicherweise für Vorbereitungen getroffen werden, um im Raum eine angenehme Atmosphäre zu schaffen?

Erläuterungen und Erklärungen

Zu 1: Fragen bezüglich der Inhalte
Zunächst ist es sehr wichtig, sich darüber klarzuwerden, was wir wirklich in dem Gespräch sagen wollen, und uns zu überlegen, wie wir unsere Beobachtungen den Eltern an Hand von Beispielen näher erläutern können. Es kann hilfreich sein, sich vorher ein paar Notizen dazu zu machen, die später auch im Gespräch verwendet werden können. Diese Vorgehensweise kann uns im Gespräch später helfen,

nicht den roten Faden zu verlieren und möglicherweise wesentliche Inhalte zu vergessen.

Erzieherinnen, die mit Gesprächsnotizen arbeiten, können dies den Eltern erklären: „Ich habe mir vorher ein paar Notizen gemacht, damit ich bei unserem Gespräch nichts vergesse!“ Eltern verstehen dann, weshalb die Erzieherin sich Notizen gemacht hat, und werden deshalb dadurch nicht verunsichert, sondern fühlen sich als Gesprächspartner ernst genommen.

Zu 2: Fragen bezüglich der Ziele
Bei der Vorbereitung auf ein Gespräch ist es außerdem wichtig, zu überlegen, was mit dem Gespräch erreicht werden soll und ob die Ziele wirklich realistisch sind. In dieser Phase der Überlegungen ist es notwendig, sich darüber klarzuwerden, daß die angestrebten Ziele unter Umständen überhaupt nicht erreicht werden können, weil die Eltern vielleicht nicht mitarbeiten oder dem Problem keine besondere Wichtigkeit beimessen. Die Verantwortung der Erzieherin liegt darin, das Gespräch mit den Eltern zu suchen und zur Zusammenarbeit bereit zu sein, die Eltern jedoch tragen die Verantwortung dafür, ob sie sich zu einer Zusammenarbeit mit der Erzieherin entschließen wollen. Insofern hängt das Erreichen der Ziele nicht nur von der Erzieherin ab, sondern auch von der Bereitschaft der Eltern, sich zu öffnen und mit dem Kindergarten zusammenzuarbeiten.

Zu 3: Fragen bezüglich der eigenen Gefühle
Bei der Vorbereitung auf ein Gespräch ist es sehr hilfreich, in sich selbst hineinzuhören und sich der eigenen Gefühle bewußt zu werden, die bei dem Gedanken an das Gespräch auftauchen. Es kann auch vorkommen, daß körperliche Beschwerden auftreten. Manche Erzieherinnen berichten von Bauchschmerzen, wenn sie an ein bestimmtes Gespräch denken, bei anderen reagiert der Magen, und es kann sich manchmal eine leichte Übelkeit einstellen. Die Gefühle gegenüber den Eltern haben immer auch etwas mit der Beziehung zu tun, die sich zu den Eltern entwickelt hat. Manchmal kann es hilfreich sein, seine Einstellung zu den Eltern zu überprüfen und genau zu überlegen, weshalb bestimmte

Meinungen und Bilder über sie entstanden sind. Vielleicht sind sie nur entstanden auf Grund der Erzählungen von anderen oder auf Grund bestimmter Verhaltensweisen und Eigenarten, mit denen wir selbst gefühlsmäßig nicht klarkommen.

Wenn ein sehr schwieriges Gespräch zu erwarten ist, weil befürchtet werden muß, daß die Eltern sich nicht kooperativ verhalten, kann es hilfreich sein, das anstehende Gespräch im Rollenspiel mit einer Kollegin zu spielen. Dabei spielt die Erzieherin, die das Gespräch später führen wird, die Eltern mit allen Verhaltensweisen, die sie von der Mutter oder dem Vater bei dem Gespräch erwartet. Die Kollegin übernimmt die Beraterrolle. Erzieherinnen in unseren Kursen haben diese Vorgehensweise als sehr hilfreich erlebt, weil sie sich dadurch viel besser in die Mutter oder den Vater hineinversetzen und gleichzeitig die eigene innere Anspannung ein Stück weit abreagieren konnten. Außerdem kann die Kollegin, die die Beraterrolle spielt, möglicherweise wichtige Anregungen für das spätere Gespräch geben, weil sie ja selbst in Wirklichkeit nicht von der Situation betroffen ist und sich somit auch unvoreingenommener und unbelasteter im Rollenspiel verhalten kann.

Zu 4: Fragen bezüglich des Einstiegs
Bei der Vorbereitung auf ein Gespräch ist es ebenfalls sinnvoll, sich den Einstieg in das Gespräch zu überlegen.

Dabei gibt es drei Möglichkeiten, die sich als besonders günstig erwiesen haben. Die erste Möglichkeit besteht darin, die Sachlage anschaulich an Hand von Beispielen zu schildern.

Beispiel: In der letzten Zeit fällt mir auf, daß Susanne immer stiller und zurückgezogener ist. Sie nimmt kaum mehr Kontakt zu den anderen Kindern auf. Wenn ich sie anspreche, schaut sie mich nicht an und gibt auch nur kurze Antworten.

Die andere Möglichkeit, ein Gespräch zu beginnen, liegt in der Versprachlichung der eigenen Gefühle. Die Erzieherin bringt zum Ausdruck, was sie selbst empfindet.

Beispiel:

Erzieherin: Ich bin im Augenblick sehr besorgt um Manfred und habe Sie deshalb zu diesem Gespräch eingeladen. (Versprachlichung des eigenen Gefühls)

Vater: Wieso denn das?

Erzieherin: Ich beobachte in der letzten Zeit, daß die anderen Kinder nicht mehr so gerne mit ihm spielen, weil er sehr schnell wütend wird und dann die anderen Kinder schlägt und tritt. Manfred ist mir sehr wichtig, und ich mag ihn gern. (Versprachlichung des eigenen Gefühls, Schilderung der Sachlage). Deshalb liegt mir sehr daran, mit Ihnen darüber zu reden.

Als dritte Möglichkeit kann es günstig sein, mit aktivem Zuhören zu beginnen.

Beispiel:

Erzieherin: Sie sind im Augenblick sehr aufgeregt, weil ich Sie zu diesem Gespräch eingeladen habe.

Mutter: Seit wir am Dienstag den Termin ausgemacht haben, denke ich darüber nach, was mit Petra los sein könnte und weshalb Sie mich sprechen wollen.

Erzieherin: Ich hätte auch lieber gleich mit Ihnen geredet. Aber andererseits ist mir auch daran gelegen, in Ruhe mit Ihnen zu sprechen und nicht zwischen Tür und Angel, wenn auch noch andere Mütter dabei sind.

Mutter: Also, worum geht es denn nun?

Manche Erzieherinnen stellen bei der Auswertung von Rollenspielen, in denen der Einstieg in ein Gespräch geübt wird, fest, daß sie sehr lange zögern, bevor sie auf ihr eigentliches Anliegen zu sprechen kommen, weil sie befürchten, mit der Tür ins Haus zu fallen. Sie schildern zunächst ausführlich die Fähigkeiten und besonderen Qualitäten des Kindes, um nicht bei den Eltern den Eindruck aufkommen zu lassen, daß ihr Kind nur schwierig ist und sich nur auffällig verhält.

Es ist sehr wichtig, sich immer auch die Qualitäten eines Kindes ins Bewußtsein zu rufen und diese auch den Eltern mitzuteilen. Denn es gibt kein noch so auffälliges Kind, das nicht auch seine Qualitäten hätte und auch in dieser Beziehung Anerkennung und Respekt verdient. Die Schilderung der Qualitäten eines Kindes ist jedoch zu Beginn des Gespräches, das aus einem ganz anderen Grund geführt werden soll, problematisch. Die Eltern wissen in aller Regel, daß sie nicht zu dem Gespräch eingeladen worden sind, damit die Erzieherin ihre Anerkennung über das Kind zum Ausdruck bringen kann. Der Termin ist ja meistens schon einige Tage vorher zwischen Erzieherin und Eltern vereinbart worden, und die Eltern kommen selbst nach dieser Zeit des Wartens in der Regel mit einiger Anspannung zu dem Gespräch.

Erzieherinnen, die im Kurs im Rollenspiel die Mutter oder den Vater gespielt haben und erst einige Zeit warten mußten, bis die Erzieherin auf ihr eigentliches Anliegen zu sprechen kam, berichten in der anschließenden Auswertung, daß sie zunehmend ungeduldiger und angespannter wurden. Sie wollten nun möglichst schnell wissen, worin der Anlaß für das Gespräch bestand.

Wenn die Erzieherin zu lange zögert, fühlen sich die Eltern auf die Folter gespannt und fragen sich, wann die Erzieherin endlich zur Sache kommt und aufhört, „wie die Katze um den heißen Brei zu laufen".

Zu 5: Fragen bezüglich der Rahmenbedingungen
Bei der Vorbereitung auf ein Gespräch ist es auch wichtig, eine Atmosphäre zu schaffen, in der Eltern und Erzieherin sich wohl fühlen können und Ruhe haben, miteinander zu sprechen. Sinnvoll ist auch, möglichst einen Raum zu finden, in dem kein Telefon steht. Das Klingeln des Telefons ist außerordentlich störend und bringt immer wieder eine Unterbrechung. Wenn kein anderer Raum zur Verfügung steht, könnte der Apparat für die Zeit des Gesprächs leiser gestellt werden. Es ist vielleicht möglich, dem Anrufer zu sagen, daß gerade ein Gespräch stattfindet und er später noch einmal anrufen soll oder er später zurückgerufen wird.

8.2 Fragen von Erzieherinnen zu Schwierigkeiten, die im Gespräch mit Eltern auftreten können

Wie kann ich mich im Gespräch verhalten, wenn Eltern sich folgendermaßen äußern:

Sie sind ja noch viel zu jung, um mitreden zu können

Junge Erzieherinnen scheuen sich oft davor, Gespräche mit den Eltern zu suchen, weil sie befürchten, auf Grund ihres Alters nicht für voll genommen und als inkompetent angesehen zu werden. Wenn Eltern sich in dieser Richtung äußern, ist es sinnvoll, offen darauf einzugehen und mit den Eltern darüber zu reden.

Beispiel:

Mutter: Sie haben gut reden! Warten Sie mal, bis Sie älter sind und selber Kinder haben.

Erzieherin: Es fällt Ihnen schwer, mit mir zu reden, weil ich noch so jung bin und keine Kinder habe. (Aktives Zuhören)

Mutter: So ja nun auch wieder nicht, aber Sie können das überhaupt nicht verstehen.

Erzieherin: Sie befürchten, daß ich überhaupt nicht verstehen kann, was in Ihnen vorgeht. (Aktives Zuhören)

Mutter: Ja, stellen Sie sich doch mal vor: Ich habe drei Kinder, muß arbeiten gehen und noch den ganzen Haushalt allein machen. Und jetzt sagen Sie, daß Miriam zu kurz kommt.

Erzieherin: Sie geben sich die größte Mühe, um allem gerecht zu werden, und sind jetzt wütend auf mich, weil Sie denken, ich mache Ihnen Vorwürfe. (Aktives Zuhören)

Mutter: Ja, genau.

Erzieherin: Sie haben recht, daß ich die Situation, in der Sie sich im Augenblick befinden, noch nicht selbst erlebt habe. Aber ich wollte Ihnen keine Vorwürfe machen und Sie bei diesem Gespräch kränken oder abwerten. Mir geht es darum, wie Miriam geholfen werden kann. Vielleicht können wir auch überlegen, wie wir Sie vom Kindergarten aus noch mehr unterstützen können.

Das Gespräch kann an dieser Stelle ganz verschieden weitergehen. Wichtig war, daß die Erzieherin sich nicht gekränkt zurückgezogen hat oder in die Verteidigungshaltung gegangen ist. Sie hat die Bedenken der Mutter ernst genommen, mit Hilfe des aktiven Zuhörens offen angesprochen und somit das Gespräch konstruktiv weitergebracht. Bei dem kleinen Gespräch ist weiterhin deutlich geworden, daß sich hinter den abwertenden Sätzen der Mutter in Wirklichkeit Gefühle von Überforderung, Ärger und Wut verbergen. Nachdem die Mutter ihre wirklichen Gefühle geäußert hat, kann die Erzieherin auf sie eingehen und zusammen mit ihr nach Möglichkeiten der Problemlösung suchen.

Erzieherinnen, die selbst keine Kinder haben, können genauso gut mit Eltern reden wie Kolleginnen, die eigene Kinder haben. Wichtig ist jedoch, daß sie intensiv versuchen, sich in die Eltern hineinzuversetzen, da ihnen die eigenen unmittelbaren Erfahrungen fehlen. Manchmal kann der Abstand, der durch die ganz andere Lebenssituation der Eltern und der Erzieherinnen ohne Kinder besteht, sogar hilfreich sein. Erzieherinnen, die selbst keine Kinder haben, laufen nicht so schnell Gefahr, die eigenen Erfahrungen mit den Erfahrungen der Eltern zu vermischen. Wer selbst zu einem bestimmten Thema eigene Erfahrungen hat, muß diese immer trennen von den Erfahrungen der anderen, wenn ein Gespräch hilfreich und weiterführend geführt werden soll.

Ob Erzieherinnen selbst Kinder haben oder nicht, ist für das Gespräch mit den Eltern von untergeordneter Bedeutung. Wichtig ist, daß die Eltern mit ihrem Problem im Mittelpunkt des Gesprächs stehen und die Erzieherinnen mit Einfühlungsvermögen und Anteilnahme auf sie eingehen können, unabhängig von ihrer eigenen Lebenssituation.

Die Eltern sind Akademiker, werden sie mich für voll nehmen?

Manche Erzieherinnen befürchten, von akademisch vorgebildeten Eltern nicht als Gesprächspartnerin anerkannt zu werden, weil diese manchmal redegewandter sind und sich besser ausdrücken können.

Für Erzieherinnen, die diese Bedenken haben, ist es hilfreich, sich folgendes zu verdeutlichen: Erzieherinnen sind ausgebildete Fachkräfte und daher kompetent und fähig, Kinder im Kindergarten zu beobachten und Auffälligkeiten und Besonderheiten festzustellen.

Erzieherinnen, die das Kind täglich im Kindergarten erleben und die Möglichkeit haben, sein Verhalten in der Gruppe zu beobachten, erhalten oft Informationen, die für die Eltern wichtig und interessant sind, weil diese das Kind nur zu Hause und nicht in der Gruppe erleben können. Für den Bereich des Kindergartens sind die Erzieherinnen die kompetenten Fachleute. Insofern können die Erzieherinnen mit Selbstvertrauen und im Wissen um ihre Kompetenz und ihr Fachwissen mit allen Eltern, auch mit akademisch gebildeten Eltern reden.

Ist es sinnvoll, Gespräche zusammen mit einer Kollegin zu führen?

Es kann manchmal sinnvoll sein, ein Gespräch zusammen mit einer Kollegin zu führen, besonders wenn die Kollegin auch in der Gruppe arbeitet und möglicherweise noch wichtige Informationen einbringen kann. Es ist jedoch auch zu bedenken, daß es auf Eltern erschlagend wirken kann, wenn gleich zwei Erzieherinnen dasitzen, um mit ihnen zu sprechen. Es ist deshalb sinnvoll, den Eltern zu erklären, weshalb die Erzieherinnen das Gespräch zusammen führen wollen.

Beispiel: „Ich möchte gerne, daß meine Kollegin sich auch an dem Gespräch beteiligen kann. Wir arbeiten zusammen in der Gruppe, und so können wir uns vielleicht bei dem Gespräch ergänzen und manches besser veranschaulichen."

Ein anderer Grund, der Erzieherinnen manchmal veranlaßt, zusammen ein Gespräch zu führen, liegt in der Befürchtung, daß die Eltern hinterher verfälscht darstellen, was wirklich in dem Gespräch gesagt worden ist. Diese Befürchtung kann manchmal begründet sein, ist aber kein Grund, generell Gespräche nur zu zweit zu führen.

Soll man zu Elterngesprächen beide Elternteile einladen?

Beide Eltern zu einem Gespräch einladen zu wollen, scheitert oft schon an den äußeren Bedingungen, da viele Väter in der Zeit, die für die Erzieherin realistisch ist, noch arbeiten und deshalb überhaupt nicht kommen können. Ein Gespräch mit beiden Elternteilen kann unter Umständen auch sehr schwierig für die Erzieherin werden, wenn die Eltern zum Beispiel anfangen sich zu streiten und von der Erzieherin eine Stellungnahme erwarten. Es ist schwierig, nicht parteiisch zu werden und zu vermeiden, sich mit einem Elternteil zu verbünden. Ein Bündnis mit einem Elternteil kann mehr Schaden anrichten als nützlich sein. Die Erzieherinnen müssen im Einzelfall entscheiden, ob sie sich einem Gespräch mit beiden Eltern gewachsen fühlen oder nicht. Bei einem Einzelgespräch braucht sich die Erzieherin nur auf eine Person zu konzentrieren, während sie beim Zweiergespräch beide Eltern und ihre Beziehung untereinander im Blick haben und berücksichtigen muß. Wenn jedoch beide Elternteile zum Gespräch kommen wollen, ist die Frage, ob die Erzieherin vielleicht zusammen mit einer Kollegin das Gespräch führt, weil so ein ausgewogeneres Verhältnis der am Gespräch beteiligten Personen entsteht und einer möglichen Parteilichkeit durch die Erzieherin vorgebeugt wird.

8.3 Ihr Kind hat ein Problem, ich möchte gerne mit Ihnen darüber reden

Aus der Fülle der Beispiele, die von Erzieherinnen im Kurs eingebracht wurden, sollen beispielhaft zwei Fälle herausgegriffen werden. In beiden Fällen sahen die Erzieherinnen ein Gespräch mit den Eltern als notwendig an, weil die Kinder im Kindergarten auffällig geworden sind. Die Erzieherinnen fanden es in beiden Fällen sehr schwierig, auf die Eltern zuzugehen und das Gespräch mit ihnen wegen des Kindes zu suchen. In Rollenspielen wurde nun erprobt, wie diese Gespräche mit Hilfe der neuerworbenen Kenntnisse in Gesprächsführung verlaufen könnten.

Gesprächsbeispiel 1

Im ersten Beispiel geht es um die fünfjährige Melanie, die Schwierigkeiten beim Sprechen hat, weil sie einzelne Laute verwechselt und oft mit der Zunge vorne anstößt. Die Erzieherin vermutet, daß die Mutter keine große Gesprächsbereitschaft zeigen wird, da sie bisher jedem Versuch der Erzieherin ausgewichen ist, über Melanies Sprachprobleme zu reden. Entweder hatte sie keine Zeit, oder sie spielte das Problem herunter. Die Erzieherin hatte jedes Mal das Gefühl, von der Mutter nicht für voll genommen zu werden. Die Erzieherin ist hin- und hergerissen, ob sie es trotzdem wagen soll, nochmals ein Gespräch mit der Mutter zu suchen. Dazu kommt, daß Melanies Mutter sehr dominierend wirkt und nichts an sich herankommen läßt.

Erzieherin: Frau S., ich bin sehr besorgt um Melanie. Sie kann einige Laute nicht richtig aussprechen und spricht deshalb sehr undeutlich.

Mutter: Das kann überhaupt nicht sein. Zu Hause spricht sie einwandfrei.

Erzieherin: Ihnen ist Melanies Sprachproblem zu Hause noch nicht aufgefallen?

Mutter: Nein, vielleicht redet sie ein wenig undeutlich, aber das ist doch wohl nicht weiter schlimm.

Erzieherin: Mir ist aufgefallen, daß Melanie „T“ und „K“ verwechselt, also statt „Kopf“ sagt sie „Topf“. Dazu kommt, daß sie mit der Zunge oft vorne anstößt.

Mutter: Das ist mir bisher noch nicht aufgefallen.

Erzieherin: Ich denke, es ist für Sie auch schwierig, weil Sie nicht den Vergleich zu den anderen Kindern haben.

Mutter: Es kommen doch auch Freundinnen von Melanie, aber es ist mir trotzdem noch nicht aufgefallen.

Erzieherin: Es fällt Ihnen im Augenblick schwer anzunehmen, daß Melanie Schwierigkeiten beim Sprechen hat.

Mutter: Ja, ich finde es, ehrlich gesagt, entsetzlich. Meine Tochter soll Sprachprobleme haben!

Erzieherin: Sie möchten am liebsten überhaupt nicht mehr darüber reden.

Mutter: Ja, ich kann einfach nicht glauben, daß das undeutliche Sprechen so wichtig sein soll.

Erzieherin: Ich beobachte, daß die anderen Kinder Schwierigkeiten haben, Melanie zu verstehen, und manchmal auch über sie lachen.

Mutter: Davon hat Melanie noch nie etwas gesagt.

Erzieherin: Es kommt oft vor, daß Kinder zu Hause nicht erzählen, wenn sie Schwierigkeiten haben. Ich denke, es ist deshalb um so wichtiger, daß wir darüber reden und gemeinsam überlegen können, wie wir Melanie helfen können.

Mutter: Die anderen lachen wirklich über sie?

Erzieherin: Ja, das ist in der letzten Zeit öfter vorgekommen. Das Problem ist auch, daß Melanie schon bald sechs Jahre alt wird und in einem halben Jahr in die Schule kommt.

Mutter: Ja, aber was kann man da machen?

Erzieherin: Es gibt die Möglichkeit, Melanie einer Logopädin vorzustellen. In der Regel werden dann einige Stunden vereinbart, in denen Melanie zum richtigen Sprechen angeleitet wird.

Mutter: Kann ich das nicht selbst zu Hause machen?

Erzieherin: Sicher müssen Sie zu Hause mitarbeiten, aber ganz allein ist es wahrscheinlich schwierig für Sie. Ich möchte es mal so vergleichen: Wenn Melanie erkältet ist und Fieber hat, muß sie doch auch zum Arzt. Genauso ist es auch mit einem Besuch bei der Logopädin.

Mutter: Aber was sollen die Leute sagen? Zum Kinderarzt geht schließlich jeder, aber zur Logopädin ...

Erzieherin: Sie haben Angst, daß die Leute deswegen über Sie reden könnten?

Mutter: Ja, Sie wissen ja, wie die Menschen sind.

Erzieherin: Ich denke, daß ein Besuch bei einer Logopädin nichts ist, weshalb Sie sich schämen oder was Sie vor den anderen verheimlichen müßten. Hier im Kindergarten sind einige Kinder, die regelmäßig zur Logopädin gehen und die sogar großen Spaß dabei haben.

Mutter: Also, das muß ich mir noch mal überlegen. Wenn es Ihnen recht ist, rufe ich Sie in den nächsten Tagen noch mal an.

Erzieherin: Ja, überlegen Sie sich alles in Ruhe. Wenn Sie wollen, kann ich Ihnen auch die Adresse der Logopädin geben, zu der unsere Kinder im Kindergarten normalerweise gehen.

Mutter: Ja danke, ich melde mich dann.

Fragen an den Leser:
Vor der Auswertung des Rollenspiels hat der Leser nun die Gelegenheit, das Gespräch nochmals unter folgenden Fragestellungen zu betrachten.

1. Welchen Einstieg in das Gespräch hat die Erzieherin gewählt?
2. Die Mutter leugnet bzw. bagatellisiert das Problem. Wie geht die Erzieherin damit um?
3. Ist die Erzieherin in dem Gespräch weitergekommen? Kann sie mit dem Ergebnis zufrieden sein?

Auswertung des Gesprächs, Erläuterungen und Erklärungen

Zu 1: Die Erzieherin ist mit der Versprachlichung eines eigenen Gefühls in das Gespräch eingestiegen und umreißt im Anschluß daran, worin das Problem besteht, über das sie mit der Mutter sprechen will.

Zu 2: Wichtig ist zunächst, daß die Erzieherin sich ihrer Sache ganz sicher ist und sich durch das Leugnen und Herunterspielen des Problems von seiten der Mutter nicht von ihrer berechtigten Sorge um das Kind und ihrer Meinung über die Sprachschwierigkeiten abbringen läßt. Sie geht nicht in eine Verteidigungshaltung und bleibt trotz aller Widerstände der Mutter bei ihrem Vorhaben, über Melanies Sprachprobleme reden zu wollen. Dem Widerstand der Mutter begegnet sie einerseits durch die sachliche Schilderung ihrer Beobachtungen und andererseits durch aktives Zuhören. Damit erreicht sie, daß die Mutter sich nicht angegriffen fühlt, sondern zum Nachdenken angeregt wird und sich auch gefühlsmäßig ein wenig öffnet. Darüber hinaus bietet sie ihr Hilfe bei der Suche nach einer geeigneten Logopädin an und versucht, ihr ein Stück weit die Angst vor dem Gerede der anderen Leute zu nehmen, indem sie aktives Zuhören anwendet und der Mutter die Gelegenheit gibt, über ihre Befürchtungen und Ängste in dieser Richtung zu sprechen. Außerdem verweist sie auf die Kinder, die aus diesem Kindergarten schon in logopädischer Behandlung sind.

Zu 3: Auch wenn die Mutter nach dem Gespräch noch nicht bereit ist, in eine logopädische Behandlung einzuwilligen, ist die Erzieherin in dem Gespräch ein ganzes Stück weitergekommen. Die Mutter schließt eine logopädische Behandlung jetzt zumindest nicht mehr aus und ist bereit, in sich den Gedanken zuzulassen, daß Melanie wirklich ein Sprachproblem hat, mit dem sie sich auseinandersetzen muß. Insofern ist das Gespräch sehr erfolgreich verlaufen.

Gesprächsbeispiel 2:

Im zweiten Beispiel geht es um einen Jungen, der seit einiger Zeit das Frühstück der anderen Kinder aus den Täschchen wegnimmt. Die Erzieherin hatte mehrmals vergeblich versucht, mit dem Kind zu sprechen. Sie entschließt sich deshalb, einen Gesprächstermin mit der Mutter auszumachen.

Peter ist 6 Jahre alt. Die anderen Kinder haben sich schon beschwert, daß ihr Frühstück fehlt, wissen aber nicht, wer es weggenommen hat. Peter selbst kann sein Verhalten nicht erklären. Die Erzieherin hat aus verschiedenen Gründen Bedenken, auf die Mutter zuzugehen. Einerseits fragt sie sich, wie sie der Mutter möglichst schonend beibringen kann, daß Peter Lebensmittel aus den Täschchen nimmt, ohne sie damit zu kränken und zu verletzen. Andererseits beobachtet sie seit einiger Zeit, daß Peters Mutter sehr verschlossen wirkt und im Kindergarten nur sehr kurz angebunden ist. Die Erzieherin ist unsicher, ob die Mutter sich möglicherweise über irgend etwas geärgert hat.

Die Mutter kommt pünktlich zum vereinbarten Termin.

Erzieherin: Frau M., ich habe Sie heute zu diesem Gespräch gebeten, weil ich seit ein paar Tagen beobachte, daß Peter Essen und Getränke aus den Täschchen der anderen nimmt.

Mutter: Das darf doch nicht wahr sein. Sind Sie ganz sicher, daß es Peter war?

Erzieherin: Ja, die anderen Kinder haben sich öfters beschwert, daß ihre Sachen beim Frühstück nicht mehr im Täschchen waren. Dann habe ich mehr darauf geachtet und Peter auch ein paar Mal dabei erwischt.

Mutter: Haben Sie mit ihm gesprochen? Was hat er gesagt?

Erzieherin: Er konnte es nicht recht erklären. Aber ich habe ihm erklärt, daß er die Sachen der anderen Kinder nicht nehmen darf, weil sie ihnen gehören.

Mutter: Und er hat es trotzdem wieder gemacht?

Erzieherin: Ja, meine Erklärungen haben nichts genützt.

Mutter schweigt und schaut nach unten.

Erzieherin: Sie sind im Augenblick entsetzt über das, was ich Ihnen gerade erzählt habe.

Mutter: Ja, entsetzt und traurig. Ich hätte nie gedacht, daß Peter so etwas tut.

Erzieherin: Sie können sich Peters Verhalten nicht erklären und sind deshalb wie vor den Kopf geschlagen.

Mutter: Ja, wie vor den Kopf geschlagen. Ich weiß nicht, was ich sagen soll. Jetzt kommt das auch noch mit Peter.

Erzieherin: Das klingt, als hätten Sie außer dem, was ich Ihnen von Peter gesagt habe, auch noch andere Sorgen.

Mutter: Ja, eigentlich soll es noch niemand wissen.

Mutter schaut wieder nach unten.

Erzieherin: Sie kämpfen im Augenblick mit sich, ob Sie darüber reden wollen.

Mutter: Ja!

Erzieherin: Ich kann Ihnen versichern, daß alles, was wir hier besprechen, unter uns bleibt. Sie brauchen also keine Angst zu haben, daß ich etwas weitererzähle, was Sie mir möglicherweise anvertrauen.

Mutter: Ja, vielleicht ist es mal ganz gut, wenn ich mit jemandem rede. Ich bin ja immer allein mit meinen Gedanken. – Pause – Mein Mann hat seit etwa einem halben Jahr eine Freundin. Er hat mir nun gesagt, daß er ausziehen will, um mit seiner Freundin zusammenzuwohnen.

Erzieherin: Da geht es Ihnen im Augenblick nicht gut.

Mutter: Nein, es geht mir nicht gut. Ich hänge sehr an meinem Mann, und mit den Kindern stehe ich jetzt allein da.

Erzieherin: Sie vermissen Ihren Mann und fühlen sich von ihm in der Verantwortung für die Kinder allein gelassen.

Mutter: Ja, ich liege nachts oft wach, weil ich den Gedanken, daß er uns verlassen wird, nicht ertragen kann. Tagsüber muß alles so weitergehen, als wäre nichts. Die Kinder brauchen doch wenigstens ihre Mutter.

Erzieherin: Sie halten sich im Augenblick mit aller Kraft aufrecht, damit die Kinder in Ihnen noch einen Halt haben.

Mutter: Ja, so ist es. Aber ich habe niemanden, der für mich ein Halt sein könnte. Ich fühle mich so allein und überfordert.

Mutter kämpft mit den Tränen. Erzieherin läßt die Pause zu.

Mutter: Ich möchte Ihnen wirklich nicht zur Last fallen.

Erzieherin: Frau M., im Augenblick haben Sie sehr viel zu verkraften, und es ist gut, daß Sie mit mir über Ihren Kummer geredet haben. Sie fallen mir nicht zur Last. Ich freue mich, daß Sie mir soviel Vertrauen entgegenbringen.

Mutter: Ja, ich habe niemanden, mit dem ich reden kann. Sie wissen ja, wie die Leute in so einem kleinen Ort sind. Das Gerede würde mich noch mehr fertigmachen.

Erzieherin: Ich verspreche Ihnen, daß ich auf keinen Fall weitersage, was Sie mir anvertraut haben.

Mutter: Danke, aber was wird jetzt mit Peter?

Erzieherin: Ich bin im Augenblick auch ratlos, was wir machen könnten.

Mutter: Wissen denn die anderen Kinder, wer die Sachen weggenommen hat?

Erzieherin: Nein, sie haben es noch nicht gemerkt.

Mutter: Das ist wirklich ein Glück. Es wäre nicht auszudenken, wenn im Ort herumerzählt würde, daß Peter im Kindergarten Sachen wegnimmt.

Erzieherin: Da kann ich Sie wirklich beruhigen. Aber es ist

wichtig, daß wir uns gemeinsam überlegen, wie wir Peter helfen können.

Mutter: Meinen Sie, sein Stehlen hat eventuell etwas mit unserer familiären Situation zu Hause zu tun?

Erzieherin: Das kann ich mir gut vorstellen. Ich nehme an, er spürt trotz aller Bemühungen, daß etwas anders geworden ist, und er reagiert nun auf seine Weise. Haben Sie und Ihr Mann denn einmal mit Peter gesprochen?

Mutter: Nein, bisher noch nicht. Ich habe immer gesagt, daß der Papa arbeiten muß, wenn er nicht nach Hause gekommen ist.

Erzieherin: Ich kann mir gut vorstellen, wie schwer es Ihnen fällt, mit Peter zu reden.

Mutter: Ja, ich will ihm nicht zeigen, wie verzweifelt ich bin, und ich will auch nicht schlecht über meinen Mann reden.

Erzieherin: Sie haben Angst um Peter und möchten ihm soviel wie möglich ersparen und ihn beschützen.

Mutter: Ja, so ist es.

Erzieherin: Können Sie denn mit Ihrem Mann darüber reden?

Mutter: Ja, er kommt am Wochenende. Er hat auch gesagt, daß er sich noch für die Kinder verantwortlich fühlt.

Erzieherin: Ich denke, es ist wichtig, daß Sie und Ihr Mann eingehend über Peters Problem reden. Vielleicht finden Sie auch einen Weg, wie Sie gemeinsam mit Peter über die neue Situation sprechen können, damit er versteht, was in der Familie vorgeht.

Mutter: Ja, ich werde mit meinem Mann reden.

Erzieherin: Ich denke, das Gespräch war sehr intensiv. Wie geht es Ihnen jetzt?

Mutter: Besser als am Anfang. Ich denke, es hat gutgetan, einmal mit jemandem darüber zu reden.

Erzieherin: Das freut mich. Ich danke Ihnen für Ihr Vertrauen. Ich bin froh, daß wir so offen miteinander gesprochen haben, denn ich kann Peter jetzt auch besser verstehen. Ich denke, wir verbleiben so, daß Sie erst mal mit Ihrem Mann am Wochenende darüber reden, und ich werde Peter im Kindergarten weiter beobachten.

Mutter: Ja, und dann können wir ja noch mal reden.

Erzieherin: Ja, wir bleiben dann auf jeden Fall in Kontakt.

Fragen an den Leser:

Der Leser hat nun die Möglichkeit, das Gespräch nach den folgenden Fragen auszuwerten:

1. Welchen Einstieg hat die Erzieherin gewählt, um das Gespräch zu beginnen?.
2. Weshalb entscheidet sich die Mutter schließlich doch, über ihre familiären Probleme zu sprechen? Welche Hilfen gibt ihr die Erzieherin, um sich zu öffnen? Welche Veränderungen können Sie im Laufe des Gespräches bei der Mutter feststellen?
3. Welche inneren Haltungen und Einstellungen drükken sich durch das Gesprächsverhalten der Erzieherin aus?
4. Wie ist das Ergebnis dieses Gesprächs zu bewerten?

Auswertung des Gesprächs, Erläuterungen und Erklärungen

Zu 1: Die Erzieherin ist mit der Schilderung der Sachlage eingestiegen, ohne dabei zu werten. Auch die Versprachlichung des eigenen Gefühls wäre möglich und sinnvoll gewesen.

Zu 2: Nachdem die Mutter mehrfach nachgefragt hat, ob sich die Erzieherin vielleicht doch im Bezug auf Peters Verhalten geirrt hat, gerät das Gespräch ins Stocken. Die Mutter schaut nach unten und sagt nichts mehr. Die Erzieherin reagiert auf dieses Verhalten der Mutter, indem sie deren Gefühle aufgreift und versprachlicht: „Sie sind im Augenblick entsetzt…“ Dadurch öffnet sie der Mutter die Tür, über ihre Gefühle zu sprechen. Wichtig ist, daß sie an dieser Stelle nicht versucht, das Problem herunterzuspielen, um die Mutter zu trösten. Sie akzeptiert die Bestürzung der Mutter und begleitet die Mutter weiter im Gespräch, indem sie auf deren Gefühle eingeht. Im Anschluß daran greift die Erzieherin nochmals die Pause im Gespräch mit Hilfe von aktivem Zuhören auf und ermutigt die Mutter dadurch, weiterzureden. Sie bleibt gelassen und versichert der Mutter, daß sie auf jeden Fall nichts weitersagen wird, was die Mutter ihr möglicherweise anvertrauen wird.

Drei Gründe sind es, die die Mutter veranlassen, nun über ihre familiären Schwierigkeiten zu sprechen. Auf der einen Seite steht sie selbst sehr unter Druck und ist sehr verzweifelt, auch wenn sie sich nichts davon anmerken lassen will. Auf der anderen Seite hilft die Erzieherin der Mutter durch ihre beschreibende und nicht wertende Schilderung der Sachlage und durch das Aufgreifen und Versprachlichen ihrer Gefühle, sich zu öffnen und nun endlich nicht mehr alles mit sich allein herumzutragen. Die Versicherung der Erzieherin, daß alles, was besprochen wird, vertraulich behandelt wird, ist bei diesem Gespräch von großer Bedeutung.

Auch wenn sie sich im Gespräch um die Mutter kümmert, verliert die Erzieherin jedoch nicht aus den Augen, daß sie das Gespräch wegen Peter gesucht hat. Dabei hält sie sich zurück, Peters Verhalten zu deuten, in die Mutter zu dringen und in ihr damit möglicherweise noch Schuldgefühle zu wecken. Im Gegenteil läßt sie der Mutter sehr viel Anerkennung und Respekt in diesem Gespräch zukommen, was diese dringend in dieser Lebenssituation braucht

An einer Stelle im Gespräch vermittelt sie der Mutter, daß sie selbst im Augenblick auch ratlos ist. Diese ehrliche Aussage gibt der Mutter das Gefühl, daß die Erzieherin sich nicht über sie stellt, indem sie diagnostiziert und ihr Ratschläge gibt.

Wichtig bei dem Gespräch ist weiter, daß die Erzieherin das Gespräch auf den Vater bringt, obwohl die Mutter vorher gesagt hat, daß sie nun mit den Kindern allein dasteht. Sie macht der Mutter damit deutlich, daß diese nicht allein für die Lösung von Peters Problem verantwortlich ist, auch wenn sie es im Augenblick selbst so empfindet. Dies gibt dem Gespräch eine andere Richtung. Die Mutter greift diesen Gedanken auf und sagt nun, daß der Vater sich bereit erklärt hat, auch weiter ein Ansprechpartner für die Kinder zu sein. An dieser Stelle wird deutlich, daß die Mutter jetzt ihr Verhältnis zu ihrem Mann etwas anders zu sehen in der

Lage ist, und sie sich keineswegs im Bezug auf die Erziehung ganz allein auf sich gestellt fühlen muß.

Es ist eine wichtige Erfahrung, daß viele Menschen, wenn sie sich einmal ausgesprochen haben und das Glück hatten, jemanden zu finden, der ihnen zuhört, selbst wieder in der Lage sind, zu relativieren und neue Aspekte zu sehen und zuzulassen. Der Mutter hat das Gespräch, wie sie selbst sagt, gutgetan, und es geht ihr besser als zu Beginn des Gesprächs.

Wichtig ist bei der Auswertung dieses Gesprächs auch, daß die anfängliche Vermutung der Erzieherin, die Mutter könne sich möglicherweise über irgend etwas geärgert haben, nicht der Wirklichkeit entsprach. Die Verschlossenheit der Mutter und ihre kurz angebundene Art war ein Resultat ihrer schwierigen familiären Situation und hatte in Wirklichkeit überhaupt nichts mit der Erzieherin zu tun.

Zu 3: Die Erzieherin hat in diesem Gespräch deutlich gemacht, daß sie das Problem der Mutter als deren Problem akzeptieren kann, ohne es selbst zu übernehmen und zu dem eigenen Problem zu machen. Es ist bei allen Beratungsgesprächen sehr wichtig, diesen inneren Abstand zu halten, wenn das Gespräch hilfreich und weiterführend für den Ratsuchenden sein soll. Hier ist es wichtig, sich innerlich abzugrenzen und sich bewußtzumachen, daß nur der Ratsuchende selbst sein Problem auf die ihm eigene Art und in seinem eigenen Tempo lösen kann. Diese Aufgabe können wir niemandem abnehmen, auch wenn wir es noch so gerne wollten.

Die Erzieherin bringt mit diesem Gespräch sehr viel Respekt, Anerkennung und Anteilnahme gegenüber der Mutter zum Ausdruck. Diese Grundhaltung wird für die Mutter spürbar und gibt der Erzieherin die Möglichkeit, nicht zu bewerten, zu kritisieren oder Pausen mit eigenem Reden zu überspielen. Sie kann die Mutter in dieser Situation so annehmen, wie sie ist. Sie ist in der Lage, die Verzweiflung der Mutter auszuhalten, spielt ihr Problem nicht herunter oder versucht, sie oberflächlich zu trösten. Das Gespräch ist für die Mutter sehr gewinnbringend, weil sie in dieser anerkennenden Gesprächsatmosphäre ein wenig loslassen und sich entspannen kann und dadurch gestärkter wieder nach Hause zu den Kindern geht.

Zu 4: Das Gespräch ist so ausgegangen, daß die Mutter am Ende eine Perspektive hat und jetzt weiß, wie sie weiter vorgehen kann. Sie fühlt sich insgesamt besser und ist in der Lage, ihre Situation ein wenig auch unter einem anderen Blickwinkel zu sehen. Insofern ist das Ergebnis dieses Gespräches sehr positiv zu bewerten, auch wenn noch nicht klar ist, ob die Eltern das Problem in bezug auf Peter allein zu lösen in der Lage sind. Die Situation dieser Familie ist im Augenblick sehr schwierig, und es kann, je nachdem, wie sich alles weiterentwickelt, durchaus notwendig werden, die Familie an eine Beratungsstelle weiterzuverweisen.

Vielen Eltern fällt es schwer, sich an eine für sie fremde Stelle zu wenden und dort mit Menschen zu sprechen, die sie überhaupt nicht kennen. Sie wissen nicht, was auf sie zukommt, und schrecken vor diesem Schritt verständlicherweise zunächst einmal zurück.

Eltern nehmen die Möglichkeit, sich an eine Erziehungsberatungsstelle zu wenden oder sonstige Hilfe in Anspruch zu nehmen, leichter wahr, wenn ihnen diese Möglichkeit in einem vertrauensvollen und offenen Gespräch nahegebracht wird, bei dem auch mögliche Unsicherheiten und Ängste der Eltern besprochen werden können. Es kann deshalb sinnvoll sein, wenn Erzieherinnen mit einer Beratungsstelle im Kontakt sind und den Eltern schon vorher ein wenig darüber erzählen können, um ihnen die Schwellenangst ein Stück weit zu nehmen.

Erzieherinnen in Kindergärten sind – ich wiederhole es – keine Therapeutinnen und würden sich selbst überfordern, wenn sie zu intensiv in Familienproblematiken einsteigen würden. An anderer Stelle in diesem Buch wurde ausführlich darüber gesprochen, wie wichtig es ist, die eigenen Grenzen zu erkennen, zu respektieren und auch anderen deutlich zu machen (vgl. Seite 110). Im Zusammenhang mit Beratungsgesprächen im Kindergarten ist es immer notwendig, sich zu fragen, wo die eigenen Möglichkeiten erschöpft sind und es verantwortlich ist, andere Hilfsmöglichkeiten zu eröffnen. Wo die Grenzen genau liegen, kann nicht allgemein festgelegt werden, sondern muß im Einzelfall immer von den Erzieherinnen vor dem Hintergrund der jeweiligen Situation und der eigenen Belastbarkeit entschieden werden. Hilfreich bei der Entscheidungsfindung können Gespräche mit den anderen Kolleginnen sein.

9 Auswertungsteil zu den Übungen

Auswertung der Übung „Die verschiedenen Seiten einer Nachricht und ihre Bedeutung“

Elternäußerung: „Wenn ich an die Schule denke, wird in diesem Kindergarten viel zuviel gespielt und zu wenig gelernt.“
Sachseite: In diesem Kindergarten wird viel zuviel gespielt und zu wenig gearbeitet.
Selbstoffenbarungsseite: Ich bin besorgt, daß Susanne nicht genügend auf die Schule vorbereitet wird.
Beziehungsseite: Ihre Meinung zu diesem Thema ist mir wichtig.
Appellseite: Bitte informieren Sie mich über Ihre Arbeit im Kindergarten im Hinblick auf die Schule.

Kollegenäußerung: „Immer muß ich die ganze Arbeit allein machen!“
Sachseite: Immer muß ich die ganze Arbeit allein machen.
Selbstoffenbarungsseite: Ich fühle mich ausgenutzt.
Beziehungsseite: Ich bin wütend auf dich!
Appellseite: Hilf mir bitte endlich!

Auswertung der Übung „Auf Empfindungen hören“

1. Je nach Tonfall: glücklich, stolz und zufrieden mit sich, oder aber: enttäuscht, mit sich selbst unzufrieden
2. zornig, wütend, frustriert, enttäuscht, ärgerlich, unglücklich
3. fühlt sich ausgenutzt, verärgert, ungerecht behandelt
4. zornig, wütend, Gefühl von Ohnmacht und Hilflosigkeit
5. Je nach Tonfall: glücklich, voller Vorfreude, begeistert,

stolz, oder aber traurig, ängstlich, verzagt, beklommen, angespannt
6. zornig, wütend, ärgerlich, enttäuscht
7. frustriert, ungeduldig, genervt
8. ärgerlich, zornig, hilflos
9. fühlt sich sehr unbehaglich, ärgerlich
10. ratlos, frustriert, enttäuscht, besorgt um das Kind, fühlt sich unter Druck, hat das Gefühl, bei der Mutter gegen die Wand zu laufen.
11. überfordert, gestreßt, Gefühl, daß ihr alles über dem Kopf zusammenwächst
12. ratlos, verzweifelt, Gefühl, gegen die Wand zu laufen, besorgt, verärgert
13. fühlt sich allein gelassen, traurig, ärgerlich
14. einsam, ausgeschlossen, nicht akzeptiert, unglücklich
15. besorgt, vielleicht auch enttäuscht über die Passivität der Jüngeren, ratlos
16. erleichtert, glücklich, zufrieden.

Auswertung der Übung „Aktives Zuhören in Antwortsätze einbinden"

Antwortsätze, bei denen aktives Zuhören angewendet wird:
1. Sie sind besorgt und fragen sich, ob Ihr Kind den Anforderungen in der Schule gewachsen ist.
2. Sie sind ratlos und fragen sich, was Sie noch tun können, um ihr zu helfen, mit ihrer Eifersucht fertig zu werden.
3. Im Augenblick sind Sie hin- und hergerissen. Einerseits würden Sie gerne wieder arbeiten, andererseits haben Sie Angst, daß die Kinder darunter leiden.
4. Sie sind jetzt sehr erleichtert und glücklich.
5. Das ist für Sie sehr peinlich und blamabel, zumal sie ihn überhaupt nicht schlagen.
6. Sie sind sehr verzweifelt über das Verhalten Ihres Mannes, weil Sie sehen, daß auch die Kinder sehr darunter leiden.
7. Sie sind unsicher, was Jennifer im Kindergarten wirklich tut, und wünschen sich mehr Informationen darüber.
8. Im Augenblick haben Sie das Gefühl, daß Ihnen alles über den Kopf wächst.
9. Sie fühlen sich im Moment sehr unter Druck gesetzt.
10. Wenn Sie mit ihm sprechen, ist das so, als würden Sie gegen eine Wand laufen.
11. Du bist jetzt frustriert und verärgert, weil alle deine

Bemühungen nicht genützt haben und Joachim immer noch so massiv stört.

12. Du bist aufgeregt und hast Lampenfieber, weil du nicht genau weißt, was auf dich zukommt, zumal du auch die Eltern nicht kennst.
13. Da freust du dich aber sehr.
14. Das ärgert dich sehr, weil du das Gefühl hast, von Frau K. klein gemacht zu werden.
15. Du bist einerseits besorgt um Melanie und willst ihr helfen. Andererseits bist du unsicher, wie du mit der Mutter reden sollst, weil sie so überzeugt ist von ihrer Tochter.
16. Du ärgerst dich über Frau S, weil sie keinen zu Wort kommen läßt, und überlegst, wie du da etwas ändern könntest.

Auswertung der Übung „Umformulierung von Du-Botschaften in Ich-Botschaften“

1. Wenn ich den ganzen Tag über mit den Kindern zusammen bin, werde ich müde und kann mich nicht mehr konzentrieren.
2. Frau F., Sie bringen immer so rasch Ihre Ideen ein. Das blockiert mich, weil ich dann selber nicht mehr zum Zug komme.
3. Wenn Sie so oft auf der Fensterbank sitzen, fühle ich mich ausgenutzt, weil ich die ganze Arbeit allein machen muß.
4. Wenn ich in meinem Praktikum immer nur das tun darf, was ich gesagt bekomme, fühle ich mich abgewertet, weil ich zu wenig Freiraum habe, um auch mal eigenständig zu arbeiten.
5. Wenn Sie so mit mir reden, werde ich richtig wütend und frage mich im Augenblick, wie wir weiter zusammenarbeiten sollen.
6. Wenn wir unsre Arbeit immer wieder an dem orientieren, was sich in der Vergangenheit bewährt hat, verliere ich die Lust, weil ich neue Ideen dann nicht mehr verwirklichen kann.
7. Wenn Sie sich nicht an der Planung beteiligen, fühle ich mich allein gelassen, weil ich die ganze Arbeit allein machen muß.
8. Wenn Peter dauernd so spät abgeholt wird, ärgert mich das, weil ich dann auch so lange warten muß und nicht pünktlich Feierabend machen kann.
9. Heute mußte ich mich den ganzen Vormittag fast

ausschließlich um Sascha kümmern. Er hat zweimal in die Hose gemacht, hat die anderen Kinder ständig geärgert und bei gemeinsamen Spielen gestört. Ich bin heute fix und fertig mit den Nerven, weil ich mich um die anderen Kinder kaum kümmern konnte und selbst nichts von dem durchführen konnte, was ich mir für heute vormittag vorgenommen hatte.

10. Marion hat bei diesem kalten Wetter nur ihren Sommeranorak an. Ich bin deshalb sehr besorgt, weil sie häufig erkältet ist und die anderen Kinder möglicherweise mit ihrem Schnupfen und Husten ansteckt.

Nachwort

An Hand von vielen Fallbeispielen aus der Praxis der Erzieherinnen und vielen Übungsgesprächen, die aus der Arbeit mit Gruppen entstanden sind, wurde versucht, einen Einblick in Möglichkeiten der Gesprächsführung im Kindergarten zu geben. Weiter wurden viele Erfahrungen und Gedanken eingearbeitet, die Erzieherinnen während der Kurse eingebracht haben. Damit ist deutlich geworden, daß Gesprächsführung viel mehr ist als ein Erlernen von Techniken. Ebenso wichtig oder sogar wichtiger ist die innere Einstellung zu uns selbst und unseren Mitmenschen. Hilfreiche Gespräche führen lernen hängt immer eng zusammen mit der eigenen Entwicklung. In dem Maße, in dem wir uns selbst verstehen und akzeptieren lernen, und in dem Maße, wie wir es schaffen, die anderen Menschen zu akzeptieren, werden wir hilfreich auf andere im Gespräch eingehen können.

Dieses Buch will Mut machen und dazu anregen, förderliche Formen des Umgangs miteinander zu wagen und zu erproben. Vielleicht ist dieses Buch für manche Leserinnen und Leser ein Anstoß, weiter in den Bereich der Gesprächsführung einzusteigen, aufmerksamer auf andere und auf sich selbst zu achten und auf diese Weise die eigene Persönlichkeit weiterzuentwickeln.

Möglicherweise kann dieses Buch auch von manchen Teams im Kindergarten als Arbeitshilfe verwendet werden, um miteinander zu lernen und sich gegenseitig zu unterstützen und Hilfen zu geben. Zusammenarbeiten ist immer sehr sinnvoll, weil die Möglichkeit besteht, sich gegenseitig

Rückmeldung zu geben und sich untereinander mit Ideen und Gedanken zu bereichern.

Eine andere Möglichkeit des gemeinsamen Lernens ist auch durch den Besuch von Kursen und Fortbildungsveranstaltungen zu diesem Thema gegeben. Denn in Kursen besteht die Möglichkeit, in einem geschützten und unterstützenden Rahmen die Fähigkeiten einzuüben, die für hilfreiche und weiterführende Gespräche wichtig sind.

Ich wünsche allen, die sich entschließen, in dieser Richtung weiterzuarbeiten, viel Spaß und viele gute Erfahrungen mit sich selbst und anderen. Dabei ist es wichtig, am Anfang nicht zu viel von sich selbst zu erwarten und in kleinen Schritten Veränderungen anzusteuern und zu wagen. Es ist notwendig, sich immer wieder bewußtzumachen, daß sich Veränderungen immer nur in kleinen Schritten bewirken lassen und nicht von heute auf morgen möglich sind.

Ich möchte dieses Buch schließen mit Gedanken, die Virginia Satir, eine bekannte Familientherapeutin, in ihrem Buch „Meine vielen Gesichter – Wer bin ich wirklich?“ niedergeschrieben hat:

„Immer wieder haben mir andere Menschen gesagt, wie ich sein sollte (so wie sie natürlich), und oft hat man mir den Vorwurf gemacht, stur zu sein. Nachdem ich einmal damit angefangen hatte, mich selbst zu lieben und mir selbst zu vertrauen, konnte ich bereitwillig auf neue Möglichkeiten eingehen, wenn mir diese mit Liebe und Verständnis gezeigt wurden. Dies gab mir die Möglichkeit, mein eigenes Tempo und meine Richtung zu finden. Das Wichtigste dabei war die Entdeckung der kleinen Schritte. Ich lernte, daß ich es nicht eilig haben durfte und daß es keine Abkürzungen gab. Ich nahm mir schließlich das „Recht, geistig zurückgeblieben, aber erziehbar“ zu sein. Ich habe diesen Satz schon vor Jahren geprägt, er gewinnt immer noch an Bedeutung für mich. Mir scheint, daß ich durch meine Risikobereitschaft immer etwas lernen kann, auch wenn sich im nachhinein herausstellen sollte, daß es etwas Dummes war.

Mit neuen Augen zu schauen und neue Möglichkeiten zu entdecken heißt nicht, alles hinter sich zu lassen, was in der Vergangenheit vertraut und angenehm war. Es bedeutet vielmehr, ab und zu Zwischenbilanz zu ziehen. Damit meine ich, zu sortieren, was mir bisher geholfen hat, um es beizubehalten; all das, was nicht mehr hilfreich ist, loszulassen, und schließlich Neues hinzuzufügen, soweit ich es noch benötige.“[21]

[21] V. Satir, 1988, S. 70/71.

Literaturhinweise

K. Antons: Praxis der Gruppendynamik. Verlag für Psychologie Dr. C.J. Hogrefe, Göttingen 1974, ISBN 3-8017-0077-1

M. Ende: Momo. K. Thienemanns Verlag, Stuttgart, 19. Auflage, ISBN 3-522-11940-1

Th. Gordon: Familienkonferenz. Wilhelm Heyne Verlag, München 1990, 4. Auflage, ISBN 3-453-02984-4

Th. Gordon: Familienkonferenz in der Praxis. Wilhelm Heyne Verlag, München 1990, 2. Auflage, ISBN 3-453-03388-4

M. James/D. Jongeward: Spontan leben. Rowohlt Taschenbuch Verlag, Reinbek bei Hamburg 1986, ISBN 3-499-18301-3

E. Kishon: Kein Öl, Moses? Verlag Ullstein, Frankfurt/M – Berlin 1991, 5. Auflage, ISBN 3-548-20699-9

H. Kruppa (Hrsg.): Wo liegt Euer Lächeln begraben? Gedichte gegen den Frust. Fischer Taschenbuch Verlag, Frankfurt 1983

V. Satir: Meine vielen Gesichter. Wer bin ich wirklich?, Kösel Verlag, München 1988, ISBN 3-466-34217-1

F. Schulz von Thun: Miteinander reden, Störungen und Klärungen, Band 1, Rowohlt Taschenbuch Verlag, Reinbek bei Hamburg 1990, ISBN 3-499-17489-8

L. Schwäbisch/M. Siems: anleitung zum sozialen lernen für paare, gruppen und erzieher. Rowohlt Taschenbuch Verlag, Reinbek bei Hamburg 1989, ISBN 3-499-16846-4

A. Tausch/R. Tausch: Wege zu uns und anderen. Rowohlt Taschenbuch Verlag, Reinbek bei Hamburg 1990, ISBN 3-499-18403-6

P. Watzlawick/J.H. Beavin/D.D. Jackson: Menschliche Kommunikation. Verlag Hans Huber, Bern – Stuttgart – Toronto 1990, 8. Auflage, ISBN 3-456-81885-8

Praxisbuch Kita
Für Ausbildung und Beruf

Sozial-emotionale Erziehung

Renate Klöppel / Sabine Vliex
Helfen durch Rhythmik
Verhaltensauffällige Kinder erkennen, verstehen, richtig behandeln
ISBN 3-451-26731-4

Armin Krenz
Wie Kinder Werte erfahren
Wertevermittlung und Umgangskultur in der Elementarpädagogik
ISBN 3-451-26504-4

Gerda Lorentz
Freispiel im Kindergarten
Chancen seines bewussten Einsatzes
3-451-26729-2

Sylvia Näger
Kreative Medienerziehung im Kindergarten
Ideen - Vorschläge - Beispiele
ISBN 3-451-26763-2

Alexander Sagi
Verhaltensauffällige Kinder im Kindergarten
Ursachen und Wege zur Heilung
ISBN 3-451-27087-0

Uta Hellrung
Sprachentwicklung und Sprachförderung
Ein Leitfaden für die Praxis
ISBN 3-451-27784-0

Wolf-Wedigo Wolfram
Hyperaktive und unruhige Kinder im Kindergarten
Hilfen für Erzieherinnen
ISBN 3-451-26965-1